停止內耗

為什麼光是待著就很累？
停止讓情緒內耗偷走你的人生

●內耗型人格自救小本本●

若杉——著

Contents

01 找到一個完整的自己

02 終結自我角力的內耗

03 告別完美主義

04 情緒自由

05 過一個不累的人生

願我們在喧鬧的世界裡，依然看得見自己。

01

找到一個
完整的自己

最熟悉的自己和最陌生的「我」

我們太渴望去探索陌生的世界、結識陌生的人，卻在猛然清醒的那一刻發現，最陌生、最不了解的人，其實是自己。

01／

我的個案蕭是個帥氣的「90後」男孩，他的煩惱很有趣。蕭在生活中喜歡有個人的獨立空間，而他的女朋友愛插花、愛彈鋼琴、愛攀岩，是一個把生活過得豐富精采的女孩。兩個人交往之後，一直是各自在外租房子，偶爾會住在一起，或是相約出去旅遊。這樣的生活對兩人來說是恰到好處的，彼此親密又留有合適的距離，他和女朋友都很享受這樣的相處模式。

有一天，蕭和幾個朋友一起吃飯的時候，朋友問他：「你和女朋友交往這麼久，為什麼不住在一起？」蕭想了想，不知如何作答，並開始覺得好像有哪裡怪怪的。蕭當時心裡想：「為什麼別人談戀愛都是膩在一起，而我和女朋友還是分開的，是我不夠愛她，還是她不夠愛我？」

有些念頭，一旦在心底萌發，便很難消失了。蕭思考了很久，但感情濃度這件事，哪裡是思考就可以有答案的。於是，他找了個機會，很認真地跟女朋友說：「我們同居吧。」女朋友一開始是拒絕的，但在蕭的堅持下，女朋友鬆了口，說可以試一試。蕭當時說：「我們住在一起，每天張開眼睛就可以看到對方，一起吃早餐，還可以一起養隻狗，多好！」

於是，他們真的同居了，也養了一隻狗，但之後的生活並沒有想像的那麼好。兩個人都愛睡懶覺，每天睜眼都是著急慌張地從床上跳起來，匆匆趕著去上班，根本沒有時間一起吃早餐。下班之後，蕭在家裡仍然要處理工作上的事情，有時是想一個人靜靜地發呆，而他的女朋友需要練琴，或是打開電視看看連續劇。一靜一動，非但不是陪伴，還成了彼此的干擾。至於那隻狗，每天因為誰要去遛狗的問題，兩個人有了固定的每日一吵。

住在一起不到兩個月，蕭有些崩潰，來做了心理諮商。他問我：「我們是不是真的不愛對方了？生活在一個空間裡，就矛盾重重。」

我問：「你們明明彼此保持獨立就很好，為什麼一定要把彼此拽到同一個空間裡呢？」

他說：「因為別人都住在一起啊，談戀愛就應該住在一起啊！」

我追問：「哪種模式的生活讓你更舒適呢？」

「當然是分開住。」他不假思索地回答我。

我說：「既然如此，就讓別人過別人的生活，你按照自己的想法過自己的生活就好，何苦把別人的範本套在自己的生活上呢？」

02／

再說一則個案的故事，她叫小依，住在南方的一座小城。小依說：「我雖然是個道地的南方姑娘，看起來比較柔弱，骨子裡卻有著先生都比不了的強硬。」

事實上，小依確實是一個能幹的姑娘，辭職創辦了早期教育中心，結婚五年，生了兩個孩子，事業和家庭都經營得有聲有色。相對來說，小依的先生則遜色了許多，大學畢業之後當了公務員，四平八穩地幹了很多年。

小依說：「我從來不想靠男人，靠我自己也可以撐起這個家。」

我完全相信這一點，但還是反問她：「累嗎？」

小依說：「還好。」

我再問：「真的不需要別人嗎？」

「是的，不需要。」小依的聲音中有著自己的倔強。

我接著問：「是不想依靠，還是不敢依靠？」

這一次，她眼眶泛淚，許久沒有回答我。然後，她說了一段小時候的故事。

小依的父親在她出生一個月之後就離開了她和母親，母親說因為小依是個女孩。為了養她，母親沒有再嫁，辭掉小學教師的工作，轉而去做銷售的工作。在小依的記憶裡，母親總是沒日沒夜地忙，小依通常都和外婆待在一起。小依母親的銷售工作做得很成功，僅僅幾年時間，就從一個普通銷售業務做到了地區代理商，後來乾脆辭職，創辦了自己的公司。

家裡的生活從父親離開時的慌亂變得越來越好，房子也越換越大，但小依看到母親的辛苦，常常在一天的奔波後，累得連洗澡的力氣都沒有。身邊的叔叔和阿姨偶爾想給母親介紹新的男朋友，都被母親都拒絕了，她說：「我自己可以過得很好，不需要依靠任何人。」

母親的這句話刻在了小依的心裡，她一刻也不敢鬆懈地往前奔，不斷地告訴自己：「我可以，不需要靠男人。」這是她生存的座右銘，早已經刻在自己的記憶裡。

講到這些的時候，小依突然明白，自己一直以來的強硬其實是帶著母親對於男人、對於生活的恐懼。她和母親一樣害怕依靠，害怕再次受傷。於是，她和母親一樣，把生活過成了一個人的「戰鬥」。

03／

這兩個故事都和尋找自我有關。一個是因為活在別人的框架裡而模糊了自我；

一個帶著原生家庭的烙印，錯以為「我」所了解的便是真正的自己。因為對自我認知的偏差，他們都有過一段逼自己硬撐著的生活，在勉強中痛苦著，也在痛苦中迷茫著，不知道生活為何如此，更不知道如何改變。直到他們離自己越來越近，聽到了屬於自己的聲音，破解了關於自我的密碼，才讓生活重新舒展開來。

有時候，我們太渴望去探索陌生的世界、結識陌生的人，卻在猛然清醒的那一刻發現，最陌生、最不了解的人，其實是自己。也許你會如蕭一般，按照「別人都這樣做」的社會模型去生活，違背自己的習慣並感到迷惑。或像小依一樣，因為原生家庭的烙印，固守著自己的堅強，活得辛苦而疲倦。

那個本應該最熟悉的自己，太容易變成陌生人。有太多的聲音和期待，太多的「應該這麼做」盤旋在內心，導致真正的自己被壓得很小。所以，想要真正活成自己想要的樣子，第一步便是用心去了解自己、讀懂自己。

在諮商中，我常常會問個案一個問題——「如果可以，你希望過什麼樣的生活？」然後請他們詳細地描述自己所嚮往的生活。

你在做什麼？

和誰在一起？

周圍的環境是怎樣的？

當時的心情如何？

……

出乎意料的是，面對這麼簡單的問題，很多人在思索良久之後，說的都是「我不知道」或「想不出來」。

每當這時，我的內心總是會為之一震。我們努力生活、努力賺錢、努力想要實現夢想，可在內心深處，我們竟然無法描述自己想要的那種生活。如果連夢想本身都是搖擺的，那在當下的生活裡陷入迷茫，幾乎是必然的。

從小到大，我們花了很多時間去了解別人、感知別人的需求。知道老師喜歡聽話的小朋友，就扮演乖巧。知道父母喜歡好成績，就努力讀書。知道老闆喜歡拼命的員工，就犧牲休息時間，努力創造業績。可是，我們究竟花了多少時間給自己呢？對於自己，又了解多少呢？

有一個實驗建議每個人都做做看，選一個完整的時間，大概一個小時左右，不需要多加思考，在一張白紙上，寫下以「我」開頭的句子，越多越好。比如，我是一個怎樣的人？我喜歡什麼？我討厭什麼？我最想做的職業是什麼？我害怕什麼？

等等各種句子。

寫完之後，重新審視這張紙，它會給你一個關於「我」的輪廓。如果你此刻依然感覺迷茫，感覺對自己一無所知，那麼從這個小實驗開始，然後從這裡出發，去尋找那個你真正想成為的自己。

每個人都需要那麼一段時間去了解自己，處理與自我的關係。然後重新上路，帶著對前路滿滿的信心，一刻不停地奔向屬於自己的成功。

願你的生活，如所期、如所願，真實而不委屈。哪怕辛苦，也可以看見光亮，一直都是自己篤定的模樣。

01

Keep in mind

每個人都需要那麼一段時間去了解自己，處理與自我的關係。然後重新上路，帶著對前路滿滿的信心，一刻不停地奔向屬於自己的成功。

為什麼你總覺得自己會失敗

你對自己說：「我就知道，自己永遠是失敗的那一個。」於是，
你的人生彷彿真的被一個又一個的失敗串聯起來。

01／

你是否有過這樣的經歷：
一份工作剛開始，心裡已經覺得自己肯定做不好。
一個遊戲的規則還沒完全弄明白，就告訴自己到最後還是會輸。

一段愛情剛剛萌芽，還沒體會到愛的美好，就告訴自己反正感情終究會散去。……

好像所有的事情，困難的、容易的、重要的、不重要的，在你這裡就只有一個結果——失敗。有時候你也會安慰自己：「既然注定會失敗，不如安心享受過程。」但大多數時候，你只是對自己說：「反正都是要失敗，為什麼還要去做呢？」

出於這種消極的想法，你放棄了很多嘗試的機會，然後看著身邊的朋友和同事在人生展開新的旅程，只剩下自己還在原地踏步。對於其他人的種種成就，你對自己說：「我就知道，自己永遠是失敗的那一個。」於是，你的人生彷彿真的被一個又一個的失敗串聯起來，開啟了自己的習慣性失敗之旅。

從機率上說，成功和失敗永遠是各占五〇％，但是對於你而言，失敗卻成了一〇〇％。很多人的失敗，並不是真的做不好，而是從一開始就給自己設定了一個很難達到的目標。就像我之前有位個案，他是一個大學生，在諮商室裡，他不止一次說自己很喜歡現在的主修，但怎麼都學不好，問我要怎麼辦。

一開始，我真的以為他成績很差，可是後來才知道，他的成績是班上前五名，但是他的內心依然覺得自己是失敗的。對他來說，只要不是滿分，只要不是第一名，都屬於成績差。

他告訴我，每一道答錯的題目就像刀子一樣刻在他的心裡。小時候，老師會讓學生把考試做錯的題目記在訂正本上，他從來都不這麼做，他會為了做錯的每一道題而狠狠地懲罰自己，讓自己永遠都不會再犯同樣的錯誤。他不僅在學習上如此，對於很多生活裡的小事，他也會很容易「失敗」。

跟同學聊天，一不小心說錯話，他覺得是失敗。

出門買東西，忘了殺價，買貴了，他覺得是失敗。

好不容易約同學出去玩，玩得不盡興，他也覺得是失敗。

……

對於我這個案來說，只要不是最好，都意味著失敗。哪怕是犯了很小的錯誤，或者不符合內心的期待，對他來說全是失敗。這樣看來，他的生活中充滿了失敗，根本無法走出失敗的漩渦。可是發生在他身上的事情，並非是世界對他如此殘酷，而是他從一開始就給自己設定了一個難以達成的目標。

一個人對自己的高標準往往與早期的重要他人有關係。這個重要他人可能是父母，可能是兄弟姐妹，也可能是啟蒙老師，或者某個對他影響巨大的人。例如，父母對他的要求嚴格，如果考試成績不好，就會施加懲罰，在這樣的成長過程中，孩子會把這種高標準的要求內化於心。

還有一種情況，雖然父母對孩子本身並沒有提出過高的要求，但是他的兄弟姐妹非常優秀。這在無形中給了他一個難以企及的目標，他就會不得不逼自己變得優秀，但是好像不管怎麼努力，他就是追不上。出於這樣的原因，他也會產生「我怎麼做都做不好」的感覺，因此造成自我感受上的習慣性失敗，哪怕事實上他已經足夠優秀。

02／

失敗的「自我應驗預言迴圈」——我失敗，因為我覺得自己會失敗。

有一個實驗是這樣的，生物學家在玻璃杯中放入一隻跳蚤，跳蚤很容易就跳出來了。然後他將這隻跳蚤放入加蓋的玻璃杯中，跳蚤一次次跳起，又一次次被杯蓋彈回，一週之後，即使生物學家取下蓋子，跳蚤也跳不出來了。這就是跳蚤效應，或稱習得性無助（Learned helplessness）。

很多時候，我們像極了這隻跳蚤。曾經拼盡全力的考試沒有獲得想要的結果，就告訴自己不適合考試，便不再嘗試。曾經熬夜苦思的文案被主管批得一無是處，便覺得自己再努力也沒有用，反正都做不好。就這樣，失敗變成了一個自我應驗的預言迴圈：我知道自己做不好，所以不再付出努力，而一旦選擇不再努力，不再嘗試，便不可能有成功的機會。

其實，很多人所謂的習慣性失敗，不過是連試都沒試過的顧影自憐。美國著名心理學教授沃爾特．米歇爾（Walter Mischel）曾經做過一個棉花糖實驗，在實驗中，小孩子可以選擇立刻得到一樣獎勵（有時是棉花糖，也可以是曲奇餅乾、巧克力），或者選擇等待一段時間，得到相同的兩樣獎勵。米歇爾發現，越會把自己歸類成積極結果的孩子，他就越有可能在棉花糖實驗中選擇延遲滿足，控制衝動傾向。也就是說，孩子越相信「我能做到」，越會調動一切可以利用的因素達到自己所期望的目標，而結果就是，他們真的做到了。

沃爾特．米歇爾說：「這些孩子相信『我能做到』的效能感和自我力量，會成為他們成功的基礎，並形成基於現實的樂觀期盼。就這樣，每一次成功都在增加下一次成功的機率。」

成功與成就感會形成一個迴圈，失敗與失敗感亦然，關鍵在於你是在建構成功迴圈還是失敗迴圈。

03／

如何打破失敗迴圈？

很多時候，人之所以失敗，是因為連第一步都不曾邁出，連成功的可能性都沒有留給自己。「要麼不做，要麼做到最好。」這句話看似剛勁有力又足夠勵志，被很多人當成人生信條，但是我覺得不要過於執著做到最好。「最好」並沒有一個標準，如果一開始就把事情定位到做到最好，很有可能的一種情況是，你連開始都沒有，就已經放棄了。

有一段時間，一個朋友熱衷於創業，每天都在尋找各種項目。一會兒想開親子培訓機構，一會兒又想做中國最好的咖啡館。考察來，考察去，最終都放棄了，因為他發現不管邁向哪個領域，都已經有人做得很好了。而當朋友想著如果做不到最好，又何必開始時，他便連開始的勇氣都沒有了。

沒有開始的失敗，其實是最大的失敗。如果想要走出習慣性失敗的迴圈，建議你從〇．一開始做起，只要開始了，一點一點向前，就會離目標越來越近，當成功的信心一點一點累積起來，你在不自覺間就進入了成功迴圈。所謂成功迴圈，即每一步的成功都會奠定下一步的信心，而下一步的信心，又會促進下一個目標的實現。如此，便進入了良性迴圈。

走出習慣性失敗並不難，關鍵在於你願不願意從〇．一開始。

02

Keep in mind

越相信「我能做到」，越會調動一切可以利用的因素達到自己所期望的目標，而結果就是，你真的做到了。就這樣，每一次成功都在增加下一次成功的機率。

你沒有病，只是很特別而已

阻擋她實現夢想的，除了錢，還有別人的眼光。我們太習慣活在別人的眼光裡，也太習慣把「大家都這樣」當成自己生活的必然選項。

01／

做諮商心理師以來，常常有個案走進諮商室，都只是為了問我一句：「心理師，我有病嗎？」

他們不能確定自己是否有病，來到諮商室就是想要一個明確的答案。比如，一個三十多歲的女性，她厭倦了現在的生活，想帶著丈夫和孩子去日本京都定居，換一個陌生的環境。她說自己考慮這件事已經有好幾年了，之前還特地去日本待了半年，對於之後如何生活、如何把國內的事業延續到國外、如何解決孩子的上學問題，她都有明確的規畫。即便如此，她的家人依然是十萬個不同意。

先是丈夫覺得她瞎折騰，好不容易說服了丈夫，母親那裡又成了一道難關。母親甚至直言：「你是不是有病，才有這麼多亂七八糟的想法，不然先去看看心理醫生？」不過是想要選擇自己生活的地方，就這樣困難重重。這位個案被質疑得太多了，跑來問我：「你說，我有病嗎？」

還有另外一個故事。有位個案想辭掉現在的工作，去學習製作甜點。其實她很早就有一個夢想，就是在三十五歲時送給自己一個蛋糕店。做甜點是她喜歡的事情，這些年勤奮工作攢下的錢也足以支撐她完成夢想，但是當她準備辭職的時候才發現，阻擋她實現夢想的，除了錢，還有別人的眼光。

她的先生發揮了自己財務專業的優勢，計算給她看看轉行之後經濟和職業發展上的多重損失，然後得出一個結論——現在辭職，就是有病。她的先生說：「蛋糕店是小女孩的夢想，你都多大了，還有這些不切實際的想法。」

原本十分堅定的她，在丈夫的分析之下，開始動搖了。在迷茫中，她找到了心理諮商，只是為了問我一句：「心理師，你說我是真的有病嗎？」

02／

這些個案的故事，讓我想起了自己的經歷。二〇一四年，我決定離開原來的工作崗位，全職學習心理學。對於自己的這個想法，我也糾結了很久。我考慮了離職以後可能遇到的種種困難，後來發現最困難的不是自己的經濟問題，也不是之後的未知，而是我會變成一個和很多人都不一樣的人。我將沒有正式的工作，沒有每個月固定收到的薪資。更乾脆一點，我可能在很長一段時間裡連自己的職業是什麼都說不清楚。

這其實挺讓人恐懼的。百般糾結之下，我自己約了一次心理諮商。那也是我人生第一次和心理諮商真正產生關聯。在諮商中，我說出了自己的困惑。我當時說：「我很怕別人說，『好好的女孩子，就不能踏踏實實上個班，為什麼一定要這麼折騰呢？這不是有病嗎？』」

聽完我的話，心理師認真地看著我說：「可是這就是你啊！」心理師的這句話，當時真的擊中了處於混沌狀態中的我。我們太習慣活在別人的眼光裡，太習慣按照社會默許的規則過自己的生活，也太習慣把「大家都這樣」當成自己生活的必然選項。可是，你就是你啊！你有權利與別人想的不一樣、做的不一樣，你的生活節奏應該由自己掌握。

在心理師說出這句話之前，我安安靜靜、本本分分地做一個社會的分母，試圖把生活過得規矩，過得和其他人一樣。當辭職轉行的念頭從腦海裡出現，我是那麼害怕，怕被別人當成一個特例來看。於是，我開始懷疑自己是不是哪裡出了問題，才這麼堅決地想要告別既定軌道，去走一條「與眾不同」的路。在探索這條路之初，我想的第一件事不是如何把這條路走好，不是如何去面對之後可能遇到的困難，而是問自己：「你怎麼了？為什麼不可以好好上班，好好下班，一直好好做到退休？」

那次諮商後的一週，我真的辭職了。因為在心理師提醒之下，我發現自己只是做了一個與「我」有關的決定，與他人無關。這之後的生活，如我所料，看上去真的有病，花了兩年的時間全職學習心理學，即將三十歲的年紀，還只是某門學科的學習者。在很多人看來，的確是難以理解的選擇。哪怕有心理師的那句「可是這就是你啊」依靠，我還是曾被身邊親友一句「你究竟在忙什麼」問哭過。

03／

走一條與別人不太一樣的路，注定是一件辛苦的事情。也是在那個時候，我理解了為什麼安穩、「標準化」的人生是很多人的選擇。因為群體共識會帶來強大的安全感。人天生是需要安全感的，但是又不能僅僅依靠安全感而活。我們每個人都有一個強大的「活出自我、按照自己的心意而活」的願望，這個願望有時候會被輕易地定義成「有病」。

我想起蔣勳的一句話：「一個成熟的社會應該是鼓勵特立獨行，讓每一種特立獨行都能找到存在的價值，當群體對特立獨行做最大的壓抑時，人性便沒有辦法彰顯了。那些別人眼中的有病和特立獨行不過是自我區別於他人的特質而已。」

回想起來，自己那段「有病」的時光也只不過短短兩年的時間。因為兩年以後，我成了一名諮商心理師，後來出版了自己的作品。

在那之後，我又成立了自己的心理諮商工作室。我看起來越來越正常，甚至開始有人向我表示「渴望過個像我這樣的生活」的意願，渴望像我一樣，過一段屬於自己的人生。

原來別人眼中的「有病」和「正常」，是可以這麼輕易改變的概念。

我慶幸自己有過那麼一段「不正常」的時光。也慶幸在那時，有人聽到我的想法和困惑，沒有一棒子打死，沒有輕易用「正常」來束縛我，而是告訴我：「這就是你啊！」

如今，當我聽到更多人向我描述他們的困惑，看到更多的人因為自己不那麼「正常」的生活選擇而質疑自己，我就會想起自己那段「特立獨行」的時光。我想把心理師當時對我說的那句「這就是你啊」，送給更多的人。

你沒病，你只是想要遵循自己的內心，做出一個屬於自己的選擇。而那個從心而生的選擇，必然是特別的，與其他人不一樣的。每個人都應該是特別的，每一個人都應該有屬於自己的選擇。當你發現自己過得與別人不太一樣時，你要慶幸，你在為自己生活，而不是為某種規則活著。

你沒有病，只是想做你自己而已。

03

Keep in mind

你有權利與別人想的不一樣、做的不一樣，你的生活節奏應該由自己掌握。這就是你啊！

別讓貼在身上的標籤束縛了你

真正讓我們束縛其中而不願意走出來的，都是一些看似美好的標籤。

01／

我們每個人身上都有許多標籤，有些標籤跟身分確認有關，例如你是誰的女兒、誰的妻子、做什麼工作、職位是什麼。有些標籤則是關於個人特質，像是你的脾氣溫和還是暴躁、大方還是小氣、敏感細膩還是大大咧咧。這些標籤大多是別人加在你身上的，但時間長了，慢慢也會形成一種自我認同，在生活中不由自主會按照這個標籤的要求來約束自己的行為。自我對於標籤的接受與認同有時候是好事，但是有的時候，不加考慮地把這些標籤加諸己身，難免會形成另外一種枷鎖。

在這裡跟大家分享兩個故事。我有一個朋友，性格一直很溫和。但凡跟她接觸過的人，沒有一個不誇她的脾氣好，在我的記憶裡，她也從來沒發過脾氣。好脾氣在很多人眼裡是優點，卻在很長的時間裡困擾著她，尤其是當她在職場上的職位越來越高，責任越來越大之後。

在一次聊天中，她說：「我在這個公司做了十年，老闆和同事都跟我很熟，大家都知道我溫和、很懂得在中間溝通協調、從不發火。久而久之，我自己也希望一直溫和下去，但是從小員工做到銷售總監，現在的擔子越來越重，有時候碰到不靠譜的下屬或是不靠譜的客戶，真的很想破口大罵。但是，轉念一想，這樣一來大家就會說，『原來，你也有這一面啊，以前的溫柔不會是裝的吧。』為了維持自己的形象，只能繼續溫和下去了。」

為了這個「溫和」的標籤，她付出了很多，有時想要大聲說幾句話，都會刻意把聲音放低，把語速放慢。當然，在我一個諮商心理師看來，她付出最多的是忍耐那些積壓在心底的情緒和想表達而未表達的憤怒。

還有另一個故事。有位個案對我說，在別人眼裡，他是一個好人。好到什麼程度呢？就是身邊的人都堅信，找別人幫忙會被拒絕的事情，在他這裡一定能獲得一個「YES」。而他之所以走進諮商室，也是因為厭倦了做一個不懂拒絕的好人。

事情的導火線是一個許久沒有聯繫的國中同學，輾轉透過幾個人的關係找到了他，加進微信後，幾句寒暄接著就直奔主題。原來是老同學的父親生了病，想要借錢。老同學對他說：「我找了很多人，都幫不上忙。學生時期你就很熱心助人，所以請你一定要幫幫我。」我這位個案被這段「告白」弄得不知所措，雖然有幾分不願意，但還是選擇把錢借了出去。借錢後的好幾天，他的心裡都不是滋味，總覺得被什麼東西綁著，特別不舒服，又不知道去哪裡說，所以想到了心理諮商。

02／

上面兩個故事的主角，一個被貼上了「溫和」的標籤，一個被貼上了「好人」的標籤。這些標籤，乍看之下都是好的，但是如果不加區分地活在標籤裡，這就變成了負擔。有時候，一些不好的標籤反而更容易被識別，也容易被撕掉。例如懶散、不求上進、不修邊幅等。但真正讓我們束縛其中而不願意走出來的，都是一些看似美好的標籤。

我們被束縛在這些美好、看起來善意滿滿的標籤裡，是因為這些標籤裡有我們想要的社會認同。每個人都渴望獲得別人的讚美，孩童時期的我們從媽媽的一個笑容、一個親吻，或一句「我愛你」中獲得自我認同。長大以後，我們在與他人互動中，靠他人的稱讚來獲得這種社會認同。這種認同可以讓我們擺脫孤獨感，獲得進一步與他人交往、挑戰新鮮事物的勇氣。

對於這種認同和安全感執著的追求，古斯塔夫．勒龐（Gustave Le Bon）在《烏合之眾》（*The Crowd: A Study of the Popular Mind*）中寫道：「一到群體中，智商就嚴重降低。為了獲得認同，個體願意拋棄是非，用智商去換取那份讓人倍感安全的歸屬感。」

勒龐或許說得更為嚴重一些，我們並不確信人是否因為追求認同而讓智商有所降低，但我們確信的是，過分地追求別人的認同，會讓我們更少地看見自己。當你追求一個「溫柔」的標籤時，你會看不見那個想要暴躁發脾氣的自己。當你追求一個「大方」的標籤時，你會強求自己明明很計較卻要裝得不在意。當你追求一個「堅強」的標籤時，你會忍住那些因為軟弱而掉下的眼淚……

這一方面會讓情緒受到極度的壓抑，另一方面會讓自己迷茫在那些所謂的標籤裡，離真實的自己越來越遠。正確的做法是：

第一，接受讚美但不過分在意。

要提醒自己，別人的讚美只是從別人的角度出發來評價你，這代表對方的感受和觀點，並不代表真實的你。這樣的清醒會讓你有能力在一個滿是評價的社會中保持一個相對清醒的自我。不對讚美過分執迷，也就不會對批評過分敏感。

每個人對自我的看法始終源於自我評價與社會評價兩部分，但社會評價常常過於強大，會吞噬到自我評價的部分。我們要做的便是努力在聽取外在聲音的同時，依然清晰地聽到自己的聲音。

第二，承認自己的多面性，不執著在單一的標籤裡。

每個人都是多面的，寬容是你，計較也是你。光鮮亮麗是你，隨性邋遢也是你。勤奮上進是你，偷懶拖延也是你。如果硬把自己束縛在標籤裡，便是把一個豐富多面的自己扔進一個固有的框架裡，讓自己活得僵硬而不自在。

因為你是多面的，別人對你的評價必然也是多面的。承認自己的多面性，接受他人評論同時期、不同狀態下的你，你才不會迷失在諸多的評價裡，不在評價裡變成單一的自己，不把人生變成一場面對觀眾的表演。

如今，網路越來越發達，我們接觸的平臺也越來越多，被評價、被貼標籤的機會自然也會相應地增多。在時時刻刻都有可能被評價的生存環境裡，保持自我、保持清醒是比湧入人潮、接受評價更難的一件事情。

願我們在喧鬧的世界裡，依然看得見自己。

04

Keep in mind

努力聽取外在聲音的同時，也要清晰地聽到自己的聲音。不要把人生變成一場面對觀眾的表演。

如何找到自己擅長的領域

那些找到自己擅長的事情並從中獲得幸福的人，不是完全依靠天賦而享受著上天的饋贈，而是甘願為自己喜歡且擅長的事情付出。

01／

在所有的幸福之中，能夠做自己擅長的事情肯定算一種。我們都知道，一個人做自己擅長的事情更容易成功，更容易感受心流的狀態，當然也更容易快樂。但是，很多人可能一輩子也找不到自己的擅長所在。

全球績效管理諮詢機構蓋洛普（Gallup），在全世界對一千萬人進行了調查，結果顯示，只有三分之一的人認為在工作中，自己每天都有機會做最擅長的事。而該公司的另一項調查表明，那些有機會每天做擅長事務的人，全副身心投入工作的可能性要比其他人高出五倍，認為自己整體生活品質較高的可能性也比其他人高出兩倍多。

這讓我想起了村上春樹，村上春樹是在三十歲那年才開始寫小說的。而他寫小說的出發點也極其富有戲劇性。某天，他觀賞棒球比賽的時候，突然冒出了一個想法：「對了，說不定我也能寫小說。」棒球比賽結束後，他就坐上電車，趕到新宿的紀伊國屋書店，買了稿紙和鋼筆。那個時候，村上春樹和妻子正在經營一家賣爵士唱片和咖啡的小店，沒有完整的時間寫作，他就在深夜打烊以後，在廚房的飯桌上開始動筆。誰都沒想到，他的第一部長篇小說《聽風的歌》，一出版就獲得了日本文藝雜誌《群像》的新人獎。之後，他正式走上作家的道路。

如今，村上春樹的作家生涯將近四十個年頭了，寫了多部暢銷世界的經典之作，並且多次獲得諾貝爾文學獎的提名。後來，談到那個看棒球賽的下午，村上春樹覺得猶如天啟一般，「就是有一天，某個東西出現在你眼前，然後萬物為之一變」的感覺。村上春樹能夠抓住那個靈光乍現的瞬間，並且讓那點光亮逐漸放大，與他幾十年如一日的自律有關，但必然也與天賦有關。也就是說，他恰巧找到了那件自己擅長的事情，所以一擊即中。又因為這樣正向的鼓勵和持續的熱愛，一路走來，他成就非凡。

我們都期待自己也能像村上春樹一樣，找到擅長的事情，並且持久地做下去。首先，我想先和你聊聊擅長的事情究竟是什麼？

簡單來說，擅長的事情就是那些你比身邊人付出更少努力卻可以達成更好效果的事情。比如，寫作之於村上春樹一定是擅長的事情，在沒有任何寫作訓練，僅憑一個「天啟」的瞬間，他能一氣呵成寫完一部小說，然後拿到新人獎，必然是有寫作天賦在其中的。

02／

擅長的事情就是喜歡的事情嗎？

不一定。舉個例子，有人很喜歡打籃球，但由於身高、彈跳能力等因素的限制，他可能無論多麼喜歡，都無法把籃球打得很好。所以，喜歡的事情不見得是擅長的事情。但是擅長的事情有可能變成喜歡的事情。因為你會輕易獲得做這件事的樂趣，並獲得外界的正向回饋，這種來自內在和外在的激勵，會讓你變得越來越喜歡這件事。

那麼，要如何找到自己擅長的事情呢？英國教育家肯・羅賓森（Ken Robinson）在作品《發現天賦之旅》（*Finding Your Element*）中，把發掘天賦的過程分成以下三步驟：

第一步，排除干擾

我們的想法常常會被外界所干擾。例如，讀書的時候，有人會告訴你文科好還是理科好。長大之後也有人告訴你，是工作穩定重要，還是肆意揮灑時光更讚。更有鋪天蓋地的廣告告訴你，什麼樣的車、什麼樣的手錶、什麼樣的食物更能顯示你的品格地位……

這些來自別人的聲音和過量的資訊會影響我們的判斷，阻礙我們發掘自己的天賦、找到自己擅長的事情。所以，要回歸本心。找到自己的本心，首先要有一段與自己相處的獨立時間，完整排除干擾，感受自我。關於這一點，冥想和瑜伽都是很好的方法。

很多人在練習瑜伽和冥想的時候，經常會發現自己的思緒混亂，很難靜下來，這是因為我們的大腦已經被各種思維過度侵占，難以做到真正的休息。因此，需要持續的練習。每天留給自己十分鐘左右的時間，不考慮工作，也不考慮未來，給大腦一個清空記憶體的機會。

只有清空自己，過去那些靈光乍現、被壓抑的時刻，才可能自動跳出來。比如，你可能會想起，某一次的油畫體驗課，你玩得非常開心。或者剛剛讀了一本非常好的書，與朋友分享時充滿激情和樂趣。記住這些時刻，他們很可能就是你發掘自己擅長之事的起點。

第二步，改變角度

排除干擾之後，你可能會發現，自己擁有很多這樣的發光時刻，究竟要抓住哪一個讓它繼續閃亮下去呢？接下來就要從你嚮往的生活願景著手，去探索你究竟想要什麼樣的生活。然後，再從那些光芒出現的時刻中，找出與願景相符的方向，執著地走下去。

介紹兩個方法給你。

方法一：做一個願景板

願景板是由你的各種願景和期待構成的。盡量找出自己喜歡的照片、剪貼畫、文字，然後把它們貼在一個板子上，願景板可以幫你把喜歡的東西組合在一起，以直觀的方式告訴你，你要的生活，就是這樣的。做完了願景板，試著從過去的經驗中尋找，哪些能力和經驗離自己想要的生活更近，更有可能達成目標。

方法二：自由書寫

自由書寫有點像精神分析中的自由聯想，就是給自己一個詞，然後不設限、不思考地寫下去，它的目的是讓你在自主、無計畫和無約束的情況下了解自己的想法和感受。例如，你可以從「我的熱情」這幾個字寫下去，一開始，不間斷地寫五分鐘，不要思考，更不要停下來修改。之後，你可能越寫越久，從五分鐘、十分鐘到二十分鐘，甚至更長的時間。寫得越久，離自己的潛意識越近，越容易找到自己那件喜歡且擅長的事情。

第三步，勇敢嘗試

天賦永遠不等於能力。即便是村上春樹，在發掘出自己的寫作天賦之後，也需要在日復一日的練習中讓自己精進。所以，哪怕發掘出自己的天賦所在，找到真正擅長的事情，也需要更努力地去磨練技能，讓天賦成為真正出眾的能力。無論是作為安身立命的本領也好，還是作為一生鍾愛的事業也罷，天賦加上努力，這樣才能讓你充分享受做擅長的事情所帶來的喜悅、成就和幸福感。

03／

可能有人會問，如果我始終沒有找到自己的長處或天分，更沒有可能在此基礎上釋放天賦，這樣應該怎麼辦？如果一直找不到自己擅長的事情，大多是以下這兩個原因。

第一個原因：自我設限

簡單來說，你剛想到一個興趣或可能潛在的天分，緊接著就跟自己說：「我不行。」這個「我不行」有可能是你覺得只比同年齡的人表現好那麼一點，算不上擅長。也有可能是你覺得這樣的擅長根本登不上大雅之堂，無法成為安身立命的工作。例如，有些人擅長表達，但想著又不做主持人，擅長這個有什麼用。殊不知，擅長表達、喜歡分享，在如今的網路時代是多麼寶貴的能力。你可以講課，分享自己的職場經驗。也可以讀一本書，然後把自己的見解分享給大家。這些，都能讓你在獲得快樂的時候，還能取得不錯的收益。但是很可惜，很多人一開始就把這團光芒給掐滅了。

第二個原因：缺乏行動

很多人以為，所謂擅長，就是不努力也能做得很好。就拿唱歌這件事來說，有人說唱歌的能力是天生的，當然不會這麼絕對。退一步說，就算有人真的天生有一副好嗓子，他也需要日復一日的練習。記得在某次採訪中，一個很有名的歌手說自己一年大概有三百天都在錄音棚裡。我們看到的是歌手在舞臺上的高光時刻，但對他們來說，大多數的時候，不懈的努力才是日常。因為缺乏行動，很多人把那些原本可以無限放大的潛力與天分浪費掉了。

說到最後發現，努力其實是天賦的標配。有那麼一些天賦，又願意用百倍的努力讓天賦更加閃耀，才是很多人成功的原因。

那些找到自己擅長的事情並從中獲得幸福的人，不是完全依靠天賦而享受著上天的饋贈，而是甘願為自己喜歡且擅長的事情付出。

擅長背後，皆是努力。

05

Keep in mind

> 天賦永遠不等於能力。無論是作為安身立命的本領也好，還是作為一生鍾愛的事業也罷，天賦加上努力，這樣才能讓你充分享受做擅長的事情所帶來的喜悅、成就和幸福感。

所謂情商高，是懂得界限感

一個人的高情商，不在乎懂得多少，而是在於清楚自己在環境中的角色，並扮演好這個角色。

01／

朋友做完臉部保養療程後，不見神清氣爽，倒見疲憊與氣憤。問及原因，她說：「這哪是做臉？簡直是受虐，而且還是精神虐待！」

接著，朋友忍不住敘述了整個過程。她剛進美容護理中心，一位大姐就對她開啟了查戶口順帶逼婚模式。

「小姐，你幾歲了呀？」

「三十。」朋友答道。

「哦，那你應該結婚了。老公做什麼工作的，孩子多大了？」大姐一連串的問題讓朋友感到有些煩擾。得知朋友還沒有結婚，大姐更是來了興致。「怎麼還沒結婚啊？年輕小姐，可得把握時間啊！」

朋友自認倒楣，決心裝聾作啞，不再理會大姐的提問，一心想著趕緊做完保養，離開就好。大姐倒是不在意，自顧自接著問下去，從身分調查變成財力評估。

「小姐，你是做什麼工作的啊？一個月薪水多少？看你平時還能做做臉，收入一定不錯吧？」

「小姐，我看你身上的衣服挺好看的，是什麼牌子的啊？多少錢買的啊？」

「小姐，你的包包看起來滿高檔的，多少錢啊？」

朋友忍無可忍，便對她說：「你再問下去，我投訴你！」

大姐總算意識到問題，停止了「盤問」，但狹小的空間裡，兩人互不搭話，尷尬地待著，也極不舒服。兩個小時的美容過程，原本是為了愉悅放鬆，卻變成了蹂躪身心。

朋友無奈地說：「我知道她是想拉近關係，緩和氣氛，可是也太超過了。第一次見面，我怎麼會把自己的生活狀況和經濟狀況全告訴一個陌生人，這樣也太沒分寸了。說好的情商呢？」

我特別理解朋友的感受，我們每個人應該都有過類似的體驗，被沒見過幾次面的親戚追問是否結婚、薪資有多少，被認識不久、尚未建立信任的朋友借錢等。當我們談論這些人和這些事的時候，總免不了說一句：「情商太低。」

其實，所謂情商，無非是對界限的把握。這個界限，包括時間的界限、關係親疏的界限，也包括場合的界限。情商高的人，往往對這種界限的微妙之處能夠準確拿捏，充分考慮對方的感受，讓彼此都很舒服。

02／

你去朋友家做客，朋友為表示好客，親切地對你說：「別客氣，就當在自己家一樣。」如果是特別親密的朋友，當然可以隨意一些。如果只是普通朋友，那麼你的隨意就顯得失了分寸，在對方看來也是一種情商低的表現。

同事穿了一條新買的裙子，你覺得顏色、款式都不太適合她，如果關係特別好，開玩笑似地說出來也無所謂。如果你和對方是沒什麼交集的普通同事，禮貌地說一句「裙子很漂亮」就好，不掃人家的興致，就是在當時最好的選擇。

你在平時可以穿T恤和牛仔褲，放飛自我，追求舒適，但如果你去看一場音樂會，穿著打扮講究，不僅是對表演者和演出的尊重，也是對自己的尊重。

我見過很多在職場大放光彩的人，他們在自己的工作崗位上決策果斷，占據著絕對的中心位置，但在下班之後，轉身走進學習的課堂，他們個個謙卑，像個求知的學生，完全不見平日的氣場。這種對角色準確定位、適應的能力，也是一種高情商的體現。

一個人的高情商，不在乎懂得多少，而是在於清楚自己在環境中的角色，並扮演好這個角色。反觀朋友在美容中心遇到的那位大姐，如果明白和別人初次見面時，問問題不宜太私密，也不至於讓雙方如此尷尬。

03

我們每個人都有自我界限。所謂自我界限，是指個人所創造的準則或規定，並且以此來分辨什麼是合理和安全的，別人如何對待自己是可以被允許的，以及當別人越過這些界限時自己應該如何應對。

個人界限主要包括兩種類型，一種是身體層面的，另一種是心理層面的。身體層面的界限主要是指個人空間以及接觸上的考慮，可以藉由衣著、住所、噪音容忍度、言語指示和身體語言等方面來表達。心理層面的界限主要是指想法和觀念等方面獨立於他人。這些界限能夠保護你的自尊，並提高對自己情緒的控制力。

我們在生活中見到那些高情商的人，無一不是在身體和心理層面都懂得尊重他人界限的人，小到在別人看書時自覺低聲說話，或者看影片時戴好耳機，大到尊重你的信仰和想法，不在你面前談論違背你的信仰或你所尊重之人的負面新聞。

從心理學的角度分析，最容易侵蝕別人界限的是具有自戀型人格的人。因為自戀型人格的特質是以自我為中心、認為自己是世界上獨有的，應該享受別人沒有的待遇。因為這種特質，導致他們常常侵犯別人的界限而不自知，在他們的世界裡，自我的外延無限放大，卻缺乏對他人需求的感知能力。比如自戀者在每件事情上都喜歡求勝，即使在不重要的遊戲或者對某個觀點的討論中，他偏好把自己當作世界中心的個性會引領他不顧一切地去求得勝利，滿足了自己對贏的渴求，卻很可能在無意間傷害他人。

曾經有讀者留言問我，情商低是不是天生的，有沒有提升的可能。所謂的情商低當然不是天生的，而關於提升的可能則是肯定的。所謂情商高，無非是願意放低自己，多聽、多看、多感受，以此來更加了解對方的界限並願意尊重這種界限。

每個人都可以成為高情商的人。

06

Keep in mind

從時間的界限、關係親疏的界限，包括場合的界限，情商高的人往往對這種界限的微妙之處能夠準確拿捏，充分考慮對方的感受，讓彼此都很舒服。

目標感太強的人會推開幸福

「為目標而活」似乎根植在每個人的心裡。只不過在人生的不同階段，這個目標不再是升學考試，而是愛情、婚姻、金錢與利益。

01／

我們這一代人都是活在目標裡的。從踏進小學的校門開始，就有一個目標——考大學。這個目標，一立就是十幾年。目標在前，自己、家長和老師全都緊繃著，所有與目標無關的事情都被認為是無意義的。

看課外書，與考大學有什麼關係，不如省下時間背課文。作業沒寫就想出去玩，看看上次考試的成績，多做幾題數學再說吧。看電視，懸疑劇有什麼營養，不如看看科普節目，考試說不定碰上了，還能多拿幾分，還有很多諸如此類的生活例子。

類似的話對很多人來說，一點都不陌生，在升大學考試之前都聽過無數遍。被目標「蹂躪」久了，自己也越來越習慣只做與分數有關的事情。考試不考的文章，不管多有趣也會略過。考試不考的章節，直接在書上畫個叉跳過。考試不考的科目，連應付都顯得多餘。這種強烈的目標感帶著我們一路走過大考，有的人很幸運，成為目標感的受益者，考進了心儀的大學。有人運氣差一些，雖然拼盡全力，仍然考不上理想的大學。無論幸運與否，「為目標而活」都根植在每個人的心裡。只不過在人生的不同階段，這個目標不再是升學考試，而是愛情、婚姻、金錢與利益。

為目標而活當然不是錯誤，但凡事有度，如果變成只為了目標而活的話，生活的幸福感就會大打折扣。我在諮商中見過很多目標感極強的人，他們如願達成一個又一個目標，但是那些目標並沒有為他們帶來預期的快樂與滿足，反而讓人變得更加焦慮，或者他們只是在完成目標的那一刻，短暫地感到過快樂，然後便陷入對新目標的追逐中，不停迴圈。

我有位個案小喻，她算是同齡人裡的佼佼者，大學畢業之後的第五年，她就拿到了很多人夢寐以求的百萬年薪。在同齡人還在為要不要入手當季的新裙子時，小喻已經為父母在老家買了房子。在父母和身邊的朋友眼中，小喻應該是一個每天笑著醒來的人，而事實上，她已經因為憂鬱症服藥半年了，每天晚上都要與失眠鬥爭一番。

在諮商中，小喻告訴我：「我的心空了，目前做的事情讓我提不起任何一點興趣。我曾經以為上好的大學、做好的工作、掙到足夠多的錢，我就會快樂了。可是，真正做到這一切的時候，我比以前更不快樂。」

小喻的問題其實和很多人一樣，其中有幾個原因。

第一，太過在意目標達成與否，忽略了自己的感受。

人們想要追求快樂和幸福，但快樂和幸福都是一種看不見摸不著的感受。目標感過強的人，長期以目標為導向，強制關閉自己的感官系統，他們沒有時間去感受挫敗、憤怒和沮喪，只關心自己的時間是否被高效利用，做的事情是否與達成目標有關。情緒在他們看來太矯情、太浪費時間，不如從自己的身體裡清除。可是，情緒只能被壓抑，並不能完全消失，長期無視自己的感受，情緒累積太多，會讓自己變得遲鈍，感覺不到開心，也感覺不到不開心。

第二，永遠需要下一個目標。

對於像小喻一樣把追求目標當成習慣的人，生活的動力在於下一個目標。他們的人生就像是一場通關遊戲，只要有下一關在那裡，他就可以強打精神，活力滿滿地投入戰鬥。但是，一旦遊戲全部破關或者在遊戲中不能感到快樂，他們就像洩了氣的皮球一樣，茫然不知所措。

第三，長久地活在別人的評價裡，失去了自我。

目標感很強的人，乍看之下都是生活中的佼佼者。他們對自己有著清晰的規畫，願意付出別人不願付出的努力，同時也收穫著別人的羨慕和肯定。這些聽起來都是好事。但有的時候會成為負擔，就像一個常常被誇很乖、很懂事的孩子，會因為習慣收到誇獎、期待得到更多的誇獎而努力做一個更乖、更懂事的孩子。這樣做的結果就是，連自己都搞不清追求的目標究竟是自己想要的，還是別人期待自己達成的。

02／

寫到這裡，我開始認真地回想，當年極其努力的大學考試，究竟是自己的目標，還是老師、父母、社會的「合謀」？其實答案並不是那麼清晰。

活在強加給自己的目標裡會形成一種錯覺，只要達成目標，自己就會開心，就可以幸福了。而事實上，只有目標達成的那一刻，你會短暫地擁有快樂。然後看到新的目標，開始新的焦慮。如果看不到新的目標，便會陷入迷茫。有解方嗎？我的解法是，試著活在狀態裡，而不是目標裡。所謂狀態，就是對當下的體驗。

寫這篇文章之前，我在朋友的工作室與她聊天。朋友愛花，工作室的一角放著新插進花瓶的百合。透明的玻璃瓶裡，清水盈盈，百合散發著濃郁卻不甜膩的香味。在與朋友聊天的過程中，我多次忍不住把目光移向百合，自己的心情因為它變得特別好。

那是當下的美好，不需要達成什麼目標，不需要想像什麼未來，就可以收穫的幸福。我不是在勸導大家要放棄目標，做一個隨生活而行的人。而是想告訴大家，當一個人目標感過強的時候，視野會變得狹窄，錯過身邊觸手可及的美好。

其實，當你設立許多目標、達成許多目標，也錯過許多目標之後，你終究會發現，「如果……就好了」這個句型本身就是錯的。人生沒有一勞永逸，每一種狀態都是有好與不好的，焦慮與期待同行。所以，試著享受當下正在做的事情，它一定不完美，但是也一定有讓你喜愛和享受的部分。帶著這個心態上路，你會發現自己要走的路好像更寬了，而且在路上的狀態會讓人感受很多真實的美好。

今年是我做諮商心理師的第七年，我原來很喜歡為自己定一個三年或五年的長期計畫，但是自從做心理師以來，這些計畫在我心裡已經消失了。每一年的計畫和目標都變成了三個字——在路上。我只希望每一年的自己都能認認真真地做諮商，讓自己累積更多的經驗，可以更好地理解每位個案的感受，也能在工作中獲得更多人與人心靈共振的快樂。

這種狀態是我珍視的，如果一定要說有什麼目標，那就是成為一個越來越好的心理師，而這個目標會是享受每一次諮商的狀態之後，自然而然的結果與饋贈。活在狀態裡的快樂比活在目標裡的快樂更長久，也更踏實。

07

Keep in mind

為目標而活當然不是錯誤，但如果變成只為了目標而活的話，生活的幸福感就會大打折扣。試著享受當下正在做的事情，它一定不完美，但是也一定有讓你喜愛和享受的部分。

生活變得無趣，是從不敢承擔責任開始的

拒絕一切的態度看似雲淡風輕，其實背後最大的風險是把自己扔到一個自以為安全的籠子裡，然後看著外面世界的風雲變化，自己則獨守著無聊，也不知道如何改變。

01／

不參與，就不會輸？

有個讀者給我留言，他說自己的生活過得很無趣。老闆分配給他的一些工作很

瑣碎，也不是他的職責所在，但是他卻不想反駁，勉強答應之後又不願意去做。和朋友們一起吃飯，問他想吃什麼，回答永遠是「隨便」兩個字。女朋友叫他考一個證照，他覺得沒有什麼用，最後也沒有考。類似的事情還有很多，他在留言中問我，自己到底怎麼了，好像對什麼事情都沒有興趣。

看到這位讀者的留言，我想起以前學生時期一個同學。那個時候，我們剛剛開始有了化學課，這個同學的成績很好，除了化學。期末考試在考化學的時候，她以身體不舒服為藉口，沒去考試。之後成績公布的時候，她的總成績雖然一般，但仍然和其他同學說：「我就是沒考化學，要是考了，總成績說不定可以排進全班前五。」

如今想來，同學當時的舉動有些可笑，是典型的「我沒有參與，就不算輸」的思維。其實，這種思維在很多人身上都有體現，也不只是發生在學習這件事上。隨著時間的推移，我們逐漸長大，「我沒有參與，就不算輸」的思維仍然以各式各樣的方式出現在我們的生活中。

就像那位給我留言的讀者，從表面上看，他是因為「佛系」導致了自己生活的無聊，實則正是因為這種「我沒參與，就不算輸」的想法。換一種說法就是，不想承擔責任。

老闆分配工作任務，他雖然不想做，但沒有反駁，最後勉強做完，因為不想承擔反駁後的責任，所以選擇不反駁、不作為。和朋友一起吃飯，只說「隨便」，因為選擇後就要承擔所自己所點菜品是否好吃的責任，不想承擔，所以不選擇。不參加考試，是因為一旦考不過就要承擔不努力或者不聰明的責任，不想承擔這種責任，所以一開始就拒絕。

這種拒絕一切的態度看似雲淡風輕，其實背後最大的風險是把自己扔到一個自以為安全的籠子裡，然後看著外面世界的風雲變化，自己則獨守著無聊，也不知道如何改變。

02／

為什麼我們會不敢承擔責任呢？很多人不敢、不願承擔責任，大致有以下三個原因。

第一，習慣性外化。

當一個人不想承擔責任的時候，最簡單的方式便是把責任歸到外界。就像我的這位讀者，當我告訴他，你可以主動與老闆討論可以承擔的工作內容，和朋友吃飯可以不選擇吃「隨便」，甚至可以拿起書本，為一場久違的考試拼搏一次。這些都會讓日子變得充實，不再像原來那麼無聊。而他的回答果然不出意料——老闆不同意怎麼辦？朋友不高興怎麼辦？考試考不過怎麼辦？

是啊，只要選擇什麼都不做，自然就不用面對這麼多的怎麼辦。換句話來說，如果不是老闆不懂自己、朋友太挑剔、考試太難，那我們本來可以過得更好。我們其實從小就懂得了用這種方式處理問題。比如，一個小孩走路時摔倒了，父母或者其他人就會說：「都怪這爛路，讓孩子摔了一跤。」輕而易舉地把責任推給道路，誰都不用為摔倒負責，這是我們能夠想到最簡單的處理問題方式。

第二，內心恐懼。

恐懼的核心是失敗。在很多人的內心都有一個理想化的自我，這個自我無所不能，可以輕易考到很高的分數，可以在工作上如魚得水，可以扮演一個成功的丈夫，但理想終歸是理想，生活中總是充滿了各式各樣的挫敗和不如意，無法讓內心那個理想化的自我得以在現實中展現。

有一個最簡單的方式維持心中的理想化自我，就是什麼都不做，或者盡量少做。這樣就會謎一般地在內心形成一種意象——我是好的，我是無所不能的，有些事情只是不做而已，並不是我做不好。既然選擇了什麼都不做，便盡可能地避免了所要承擔的責任。

第三，自卑。

自卑的人有一個堅不可摧的自我評價——「我是不好的。」有自卑打底，任何一點小事沒有做好或是沒有讓別人滿意，都會對他們造成致命的打擊。

有個朋友曾經因為和好友出去玩，自己推薦的餐廳沒有讓大家吃得開心而內疚了很久。他恨自己什麼都做不好，連推薦餐廳都沒辦法讓大家滿意。為了不再有這種內疚，在那之後，他選擇只當一個追隨者，不再輕易說出自己的想法。因為底色的自卑，所以不敢承擔責任。

03／

不敢承擔責任的人，會失去什麼？

在面對工作和生活的問題時，我們總是可以找到各式各樣的方式來推卸責任，比如，怪自己生錯了時代、怪原生家庭不夠美滿、怪老闆太苛責、怪生活中的意外太多。

把所有的責任都歸結於非我的因素，看似可以很輕鬆地獲得解脫，把自己從失敗、瑣碎和煩亂中解脫出來，就可以不承擔、不改變、不作為。這麼做好像能輕易地解決所有問題，卻是以生活變得無聊和死氣沉沉作為代價。

我們都曾經有過無聊的瞬間和無聊的階段，可以真正打破這種無聊的，就是重新回到生活中，嘗試沒有做過的事情、認識陌生的朋友、品嘗從未吃過的食物，再開啟一段新的旅程。每一次嘗試都有可能失敗，都有可能讓自己受傷，但拒絕了失敗的沮喪，也同時拒絕了成功時的快樂與滿足。生活是一個大禮包，裡面未必都是讓你滿意的禮物，但你不打開，永遠都不知道會不會有驚喜。

我曾經也在一段時間裡陷入了無聊的狀態，覺得生活變成了一條直線，每天在諮商、寫作和讀書之間來回切換，之後又因為疫情的關係，沒辦法見到更多的人，生活一度喪失了活力。於是，我選擇在一個安靜的午夜，認認真真地把這些年寫過的日記、發過的社群貼文都翻看了一遍。

我看到了自己辭職時孤注一擲的勇氣；看到自己學習咖啡，想起了沖出第一杯咖啡的驚喜；看到自己第一次走進諮商室，仍然記得那種不可名狀的緊張；也看到自己真正擁有一個工作室時那種說不出的興奮。

這些大大小小的挑戰與嘗試新事物的緊張和興奮，構成了過往還算豐富的回憶，也因為這些過往的存在讓自己相信，未來依然會有更多的驚喜出現。於是，第二天，我戴著口罩，走出家門，買了一束花，認真地修剪並放在花瓶裡插好。那段低落無聊的時光至此結束，我慢慢找回了生活中的活力。

對於很多害怕失敗、害怕承擔責任的朋友，我有一個小小的建議，就是學會把你自己和所做的事情分開。簡單來說就是，一件事失敗了，並不代表你自己不好，它只能代表你沒有把這件事情做好。如果僅僅是某件事情沒有做好，那只要重新努力，把事情做好就好了。但如果定義為「自己不好」，就相當於整個人被否定，被一棒子打死。這看似簡單的區分，對於很多人來說，卻有著天壤之別。

當一個人不再輕易否定自己，不再輕易對自己說「我不行」，他對失敗的恐懼就會減少，不再畏懼承擔責任。承擔責任從來都不輕鬆，但努力去做會讓你重新找到生命的活力，可以積極面對生活中的變化和挑戰。

生活不再無聊，是從懂得為自己負責開始的。

08

Keep in mind

生活是一個大禮包，裡面未必都是讓你滿意的禮物，但你不打開，永遠都不知道會不會有驚喜。重新回到生活中，嘗試沒有做過的事情、認識陌生的朋友、品嘗從未吃過的食物，再開啟一段新的旅程。

被說到氾濫的「做自己」還需要三個關鍵字

人把自己置身於忙碌之中，有一種麻木的踏實，但喪失了真實，你的青春也不過就這些日子。面對真實的自己，才能找到做自己的方向。

01／

最近幾年，「做自己」成為很多人開口必談的話題，尤其是年輕人。很多人成了「做自己」的擁護者，從幾年前的「世界那麼大，我想去看看」，到現在的「按自己的意願過一生」，大家開始探索如何做自己。也有人對「做自己」提出了批判，覺得我們不應該活得那麼任性，不考慮家人、不考慮責任，只考慮自己想要怎樣的生活。

其實，做自己是一個「系統工程」。它既需要方向的探索，知道自己是誰，想要的自己究竟是什麼樣子，也需要學會處理關係，懂得在做自己的同時，還負有父母、親人的愛和責任。當然，它還需要自身的努力，沒有哪一個「做自己」的彼岸是不努力便可以抵達的。而這樣做自己的過程，可以用三個關鍵字來概括，分別是感受、勇氣和耐心。

第一個關鍵字：感受。

一提到做自己，我相信很多人冒出來的第一個問題就是，我也想做自己，可是我連自己是誰、想做什麼都搞不清楚，怎麼做自己呢？

對此，我的建議是學會用心感受自己，跟著感覺走。因為感受是內心對外界最直接的反應，它不加修飾、不加隱藏，學會尊重自己的感受，選擇做起來讓自己愉悅的事情，便可以找到自己真正想做的事情，這並不容易，因為太多人對於感受是陌生的。在諮商中，為了幫助個案建立自身與感受的連結，我經常會請他們描述一下自己的感受。

原本以為這是一個特別簡單的問題，但實際上並非如此。很多個案對於這個問題的回答是：「心理師，我不知道。」或者是，「心理師，我沒想過這個問題。」還有個案會反問我：「心理師，感受是什麼。」

我們怎麼會說不出來自己的感受呢？在思考這個問題的時候，我想到了兩個詞，一個是「別人」，一個是「防衛」。先說「別人」這個詞，我們暫且將除了自己以外的所有人都稱為別人。所以，這個「別人」，可以是父母、老師、公司的主管老闆，也可以是看不見的某種社會輿論裡的發聲者。

電影《無問西東》裡，有這樣一個片段，吳嶺瀾是清華大學的一名學生，他的文科成績很好，國文和英語都可以考滿分，非常有天賦，不過理科成績很差，考試不及格，但他選擇了學理科。

梅校長找到他問：「為什麼不學文科？」

吳嶺瀾說：「我覺得只要可以學習，可以看書就好，而且大家不是都覺得實科（理科）才好嗎？」

大家都覺得理科好，我就學理科，這是吳嶺瀾當時的思維。而吳嶺瀾口中的「大家」便是別人。他用別人的思考、一個似乎約定俗成的概念代替了自己的感受。放棄了解自己真實的意願，遵循別人的定義，在這個過程中，我們慢慢就失去了感受的能力。

回到電影中，聽到吳嶺瀾的回答，梅校長說了這樣一段話：「人把自己置身於忙碌之中，有一種麻木的踏實，但喪失了真實，你的青春也不過就這些日子。什麼是真實？你看到什麼、聽到什麼、做什麼、和誰在一起，有一種從心靈深處滿溢出來的不懊悔，也不羞恥的平和與喜悅。」

梅校長所說的真實，其實說的就是尊重自己的感受，讓自己的感受和心聯繫在一起，盡量不被別人所干擾。

另一個詞是「防衛」。心理學提到，我們的內心有很多心理防衛機制，比如壓抑、否認、合理化、隔離等。所謂防衛機制，是指從意識層面消除不愉快這種情感成分的一種心理操作。也就是說，除了別人的干擾，我們自己也會發展出各式各樣的機制阻止不好的感受侵入我們的內心。

分享一個我遇過的諮商實例。我的這位個案是一個喜歡浪漫的女孩，她結婚以後，特別希望丈夫能夠在一些重要的日子，例如生日或結婚紀念日的時候，送給她禮物和浪漫的祝福，但是丈夫就是理解不了，總覺得這樣華而不實，使得她一次次地對此感到失望。

諮商過程中，我問她：「生日收不到丈夫的禮物時，你有什麼感受嗎？」她告訴我：「我現在不太在乎這個了。他其實對我挺好的，我不能要求太多。」這句話當然騙不了人，誰都聽得出這個回答裡充滿了失望，但她用「老公其實對我挺好」作為防衛。這也是常用的一種，用否認當作防衛機制。

防衛機制原本是為了保護我們內心遠離一些不好的感受，但是過度防衛，會讓我們離自己的感受越來越遠。當我們認知到自己是如何一步步丟掉感受，才能試著將其找回，做到真聽、真看、真感受。面對真實的自己，才能找到做自己的方向。

02／

第二個關鍵字：勇氣。

談到做自己，幾乎都離不開勇氣。對於每一個能夠做自己的人，我們都會由衷地感嘆一聲：「好有勇氣！」在我看來，勇氣包括了三個層次。

層次一：敢於試錯的勇氣。

很多人之所以不能夠做自己，最主要的原因是害怕失敗。想去創業，怕失敗之後連原來的公司都回不去。想去古城開個民宿，怕經營不善，養活不了自己。不想接受父母安排的穩定工作，又怕按照自己意願找到的更差。諸如此類的例子，還有很多。

我想起一位個案，曾經因為想換工作而遲遲下不了決心，最後找到我諮商。她問我，如果下一份工作還不如現在怎麼辦？我告訴她再換就是了。下一份工作不是人生的終點，也不是世界末日。如果失敗了，總結經驗再次上路就是了，至少你試過了。最可怕的是你想了很多事卻沒有去做任何一件，永遠只停留在原地。

層次二：敢於承擔後果的勇氣。

每一次的選擇和嘗試，成功與失敗的機率都是五〇%。在開始之前，想清楚自己是否能承擔失敗後的結果。如果答案是肯定的，毫不猶豫地去做就好。如果答案不夠堅定，看看讓自己猶豫的原因都有哪些，整理一張清單，然後逐個擊破。等到各方面條件趨向成熟，而你能夠承擔那個失敗結果的時候，便可以放手去試了。

層次三：敢於和壞情緒和解的勇氣。

我們試著回憶一下，之所以沒有過著自己想過的生活、做想要的選擇，是不是出於恐懼？可能是害怕如果選擇一條只屬於自己的路，就會失去群體的安全感而面臨孤獨。害怕違背父母的意願，而要面臨與父母衝突和鬥爭的焦慮。害怕一旦創業，便不再只對自己負責，而是承擔整個團隊命運的壓力。

類似的原因都會讓我們感到恐懼。所以，在做自己的路上，學會與孤獨、焦慮、恐懼、壓力這些不好的情緒和解，懂得自我調節，敢於面對這些讓自己不太舒服的情緒，是必備的技能。

當然，我們說的是與壞情緒和解，但不是消除壞情緒。壞情緒與開心、幸福一樣，是我們都會產生的感受，不管你喜歡或者不喜歡，它都是有意義的。我們要做的是把這些我們不喜歡的情緒都控制在一個合理的範圍內，不讓它影響我們的工作和生活，甚至我們可以試著學會接納這種不好的情緒，讓它陪伴我們一起成長。

03／

第三個關鍵字：耐心。

我們透過感受找到自己喜歡做的事情，透過勇氣獲得敢於做自己的能量，最後，我們要談的是耐心。

我看到很多人做自己、尋找自我的路是這樣的：想辭掉現在的工作，換一個自己喜歡的職業，回家和父母一說，父母覺得這是在瞎折騰，然後就放棄了。想靠寫東西養活自己，好不容易下定決心坐在書桌前，兩個小時擠出來一百個字，然後就覺得自己並不適合寫作，還是老老實實回去上班吧，又放棄了。

我還記得曾經做過一次諮商，個案對我說：「心理師，我很想創業，但是沒有創業資金。」

我當時問他：「所以，你想怎麼做呢？」

他說：「還能怎麼做？我還是算了吧，自己又不是富二代。」

在這些例子中，我們都可以看到一點——即時滿足。所謂即時滿足，簡單來說就是，我想要什麼就會有什麼。其實這更像是嬰兒的邏輯，我餓了，我要吃東西。

我睏了，我要去睡覺。成年人的世界不是這樣的，你想要得到一個東西，你需要知道自己所在的位置，想要的目標又在哪裡，然後需要付出怎樣的努力，才能從A點到B點。

在這個從A點到B點的過程中，需要足夠的耐心，同時也需要自律。提到自律，很多人想到的第一反應就是辛苦、困難和做不到，但自律是高級的，而且我們需要依靠自律來提高自身的能力並實現目標。

首先，自律可以幫助你高效地規畫時間。自律不是把工作和學習塞進每一分鐘裡，而是讓我們用最短的時間做完該做的事情，有更長的時間享受生活，做自己喜歡又不計時間成本的事情。

我從事自由職業已經很多年，每天都會固定地抽出三個小時，在這個時間裡寫文章或是寫諮商記錄。在這個固定的三小時之外，我有充足的時間去做自己喜歡的事情，狀態也是非常輕鬆和坦然的。

其次，因自律而產生的可控感會增強對自己的信心。自律是一件只要努力就可以看見回報的事情。你堅持學習、堅持鍛鍊，這些隨之而來的改變都是肉眼可見的，愉悅感遠比打一局遊戲、和朋友逛一下午街要強得多。因為你會從心底裡覺得：「嘿，我還不錯呢！」這種感覺會幫助你樹立做更多、更棒的事情的信心。所以，其實快樂有兩種，一種是即時的快樂，一種是長久的快樂，我們要盡可能尋找一種長久的快樂，自律就是能夠給我們帶來長久快樂的一種能力。

另外一個重要的品質是耐心溝通。我們在做自己的路上，不可避免地會因為「特立獨行」而被身邊的人所不理解，這個時候需要的就是耐心。做自己從來都不是為所欲為和不管不顧，也需要懂得如何在關係中做自己，如果因為自己而傷害了身邊的人，其實是得不償失的。如果你想獲得親近的人的支持，耐心的溝通就是必不可少的。

我有另一位個案，他想要自己創業，但父母堅決反對，他沒有放棄，而是耐心地和父母溝通。同時，他花了一年的時間搜集有關自己創業專案的資料，向業內人士請教，不停尋找投資人，最後做出一份成熟的創業計畫書。這時，他再次和父母溝通，父母看到他做這件事情的決心，也看到他為此所做的努力，再沒有反對的理由了。

對於你真正想要做的事情、想要成為的自己，父母或是身邊的人從來都不是真正的阻力，他們只是需要一點時間理解，並且想要看到你為實現目標所付出的努力。這便是我所理解的做自己的過程，用感受找尋方向，用勇氣獲得能力，用耐心積攢能力，並獲得重要他人的支持。

做自己從來不是一件容易的事情，能夠按自己的意願過一生，是人生最大的禮物。但做自己又遠沒有想像的那麼遙不可及，按照我提出的三個關鍵字，每個人都有機會做自己並成就自己。

願每一個人都能夠成為最好的自己！

09

Keep in mind

「做自己」的過程，需要用感受找尋方向，用勇氣獲得能力，用耐心積攢能力，並獲得重要的人的支持。

一個人的鈍感力，就是他的幸福力

如果生活已然疲憊，日日都處在心思超載的狀態，能擁有一些鈍感力，真的挺好的。

01／

做心理師越久，越心疼那些敏感的人。我以前總覺得敏感對一個人來說是好事，他可以被很多人稱讚聰明、反應快、有前途，但在諮商室裡，我見過太多被敏感折磨的人。我開始忍不住想，如果他們可以不那麼敏感，對別人的情緒沒有那麼大的反應，可能會活得更瀟灑、更幸福一些。

我的感悟恰巧與渡邊淳一寫的《鈍感力》一書中的許多觀點不謀而合。渡邊淳一認為相比敏感的人，一個擁有鈍感力的人更有可能擁有幸福。什麼是鈍感力呢？鈍感力可以理解為遲鈍的力量，它可以讓我們面對生活中的傷痛時更加從容不迫，堅定地朝著既定的方向前行。渡邊淳一說：「鈍感力作為一種為人處世的態度及人生智慧，相比激進、張揚和剛硬而言，更容易在目前競爭激烈、節奏飛快、錯綜複雜的現代社會中生存，也更容易取得成功，並同時求得自身內心的平衡，與他人和社會和諧相處。」

擁有鈍感力的人，情緒往往比較穩定。無論在生活中還是職場中，情緒穩定都對一個人的幸福感有很大的幫助，那些擁有鈍感力的人，更少衝動、更少發脾氣，甚至對別人的壞脾氣都多了幾分包容。所以，他們看起來總是一副樂觀向上的樣子。

《鈍感力》中講到了一個例子。作者當醫生時，指導他的是一名主任教授，教授醫術高明，只是脾氣很差，在手術中會喋喋不休地指責協助他的醫生，比如「快點，手腳太慢」、「拿穩一點啊」、「你眼睛在看哪裡」這類的話。一起做手術的醫生都明白教授並非出於惡意或者要懲罰誰，愛指責只是他的一個毛病而已。話雖如此，可是輪到自己被指責的時候，人總難免有些沮喪和畏縮，碰到臉皮薄或個性敏感一點的醫生，有時還會難過得大哭一場。

他們中間有一位S醫生，作為教授的第一助手，他挨罵最多，但似乎從來都不在意被罵這件事。每當S醫生被教授斥責，他的回答都很獨特，必定是「是、是」，把「是」輕輕地重複兩遍。不管教授說什麼，S醫生的回答一成不變，似乎教授的責罵不會讓他的情緒發生任何波瀾。更有趣的是，時間久了，教授「嘟嘟囔囔」的責罵和S醫生「唯唯諾諾」之間形成了一唱一和的美妙節奏，就像搗年糕的人和搗年糕的石臼一樣，配合得非常有默契。儘管那樣被斥責，一旦手術結束，S醫生總能迅速把手術中發生的不愉快拋在腦後，舒舒服服地洗個澡，然後喝著啤酒跟同事們談笑風生。

與S先生的鈍感不同，有些敏感的同事，很難承受這種責罵，尤其是那些出身好、在讚美中長大、很少被批評的人。對他們來說，每次被教授責罵就像世界末日，變得失魂落魄，一臉陰沉，找個小酒館，然後一個人喝悶酒。還有人在醉酒之後做過把沉重的公車站牌移走這樣荒唐的事情。

S先生的雲淡風輕和其他同事的鬱鬱寡歡形成鮮明的對比，S先生看似鈍感，但情緒穩定，被罵也能很快消化，比大家過得都快活。

02／

擁有鈍感力的人，都擁有很好的睡眠。最近幾年，關於睡眠的調查顯示，年輕人的睡眠品質普遍不高，睡前玩手機成為常態，近六成的年輕人睡眠品質落在「煩躁區」和「苦澀區」，還有一成左右的年輕人睡在「不眠區」。對於生活在大城市的人來說，每天都要面對很多壓力，能好好地睡個覺，恐怕是最大的幸福了。

擁有鈍感力的人，似乎天生就擁有好的睡眠。當個性敏感的人還在思索有沒有說錯什麼話、做錯什麼事情、哪項工作還沒做完、明天還有什麼待辦事項的時候，擁有鈍感力的人早已經呼呼大睡。

渡邊淳一自己就是個睡眠品質極好的人，他把一個人的睡眠能力分為「入睡」和「起床」兩個維度，睡眠好的人，往往是入睡極快、起床又能馬上清醒的人。他自己就擁有這樣「隨睡隨醒」的能力。例如他去各地演講時，從坐車去機場的路上開始睡，上飛機之後繼續睡，下了飛機，從飛機場到演講地點的車上，他依然在睡，等演講一開始，便立馬神采奕奕開始演講。

渡邊先生曾經感慨自己能夠取得今天的成就，與好的睡眠力息息相關。各行各業裡的成功人士，很多人也都有非常好的睡眠力。渡邊先生算過一筆賬，一個倒頭就睡、起床就可以投入工作的人，與另一個上床以後掙扎兩個小時仍然不能入睡，或是起床後要發呆兩個小時、無法馬上進入工作狀態的人相比，一天就差了四個小時，以一年來算，就是一千四百四十個小時。工作和學習上的差距，在這一千四百四十個小時裡早已悄悄拉開。

這大概也是睡眠品質好的人更容易取得成功的原因。

03／

擁有鈍感力的人，往往都擁有比較好的關係。這裡的關係既指普通的人際關係，也指親密的伴侶關係。我們身邊可能或多或少都有幾個特別敏感的人，和他們打交道其實是一件有點累的事情，怕自己無意中的一個眼神或玩笑就被對方解讀出千萬種含義，想要解釋都無從開口，只能小心翼翼地相處。反之，那些擁有鈍感力的人，他們不糾結，不斤斤計較，交往起來雙方都感到輕鬆，關係也更容易長久。

友情如此，愛情更是。前段時間，朋友講過一個讓人哭笑不得的故事。朋友生性敏感，但她的老公是一個神經大條、反應慢半拍的人，像是天生就有鈍感力似的。有一段時間，她覺得老公對她不再關心了，晚上一回家就鑽進書房，每次催促他睡覺，換來的都是一句「你先睡」，兩個人連多年的晚安吻也沒有了。

朋友覺得一定是兩個人的感情出了問題，她諮商了情感顧問，報了瑜伽課，每天都弄些新菜色給老公吃，想在兩個人的感情裡注入一些新鮮的活力。沒想到她的老公根本不領情，不管她做什麼，老公都是匆匆吃上幾口就鑽進書房了。在那段時間裡，朋友為此失眠、流淚，直到某一天，她的老公像個孩子一樣對她說：「老婆，我終於做到了！」

原來，朋友的老公最近和人打了個賭，要靠寫文章賺一筆稿費，每天回到家就開始寫，直到投稿成功的這一天。知曉緣由的那一刻，朋友千萬斤的心思落地，卻也為自己白白多出的猜忌覺得不值。她前段時間的種種崩潰，老公竟真的不曾察覺。朋友後來跟我說，看著老公因為寫東西而暫時忘記一切，完成後又那麼開心，她第一次羨慕起這種有點遲鈍和神經大條的個性，這樣的人真的太容易開心了。

我們總覺得敏感比遲鈍好，畢竟敏感的人容易接收更多的資訊，也能快速做出反應，但是在很多時候，鈍感力可以保護一個人不受外界過多的影響，只專注於自己的事情。因為不敏感，對人和事都多了幾分寬容，這樣的遲鈍其實更容易讓人感到踏實和幸福。

如果生活已然疲憊，日日都處在心思超載的狀態，能擁有一些鈍感力，真的挺好。

10

Keep in mind

因為不敏感，對人和事都多了幾分寬容，這樣的遲鈍其實更容易讓人感到踏實和幸福。

你需要的不是讀懂他人的心，而是向內探索，讀懂自己。
並用你喜歡的方式照顧自己。

02
終結自我角力的內耗

帶刺的自卑

因為自卑，所以才像一隻隨時都在防禦別人的刺蝟，時刻處於戰備狀態。

01／

阿堯在諮商室中對我說：「原來以為自卑只是自己的事，現在才明白，因為自卑，其實也無意間傷了很多人。」

上大學的時候，阿堯因為家境不好，要靠就學貸款和打工賺錢來完成學業。有一次考完試之後，阿堯和室友聚餐，本來說好ＡＡ制，結果阿堯有個室友主動提出，阿堯那份可以算在他的頭上。

阿堯在那一瞬間怒了，他向對方大吼：「你炫耀什麼？不就是有幾個錢嗎？那也是你爸媽賺的，跟你沒關係。我有錢，不用你特別關照。」他故意把「特別關照」這幾個字拉得很長。

室友本來就沒有炫耀的意思，只是想幫阿堯一下，沒有多想。看到阿堯的反應，他有些委屈，說了一句，「我只是想幫你。」然後就獨自離開了。在那之後很長一段時間裡，兩個人的關係都很冷淡，那件事成了他們心裡難以跨過的一道坎。

阿堯說自己很後悔，他知道對方是好心，但那個時候的家境不好，很怕別人看出來。當室友提出要幫他付飯錢的時候，內心早已讓自卑和羞恥占領，根本無法顧及對方的好意。

類似的事情還有一次，是在阿堯工作之後。他的工作很好，收入也不錯，「窮」也不再時刻戳痛他，但是在一群畢業於名牌大學的同事面前，阿堯又感到抬不起頭來。阿堯很害怕這些名校畢業的同事聊起那些自己沒有聽過的講座、在國外的那些見聞和經歷。每次碰到的時候，他總是恨不得自己在那個場合裡縮到很小，最好消失。

阿堯當時已經當上了經理，手下有個來自一流學府的小夥子，人很聰明，也很能幹。「但是，我太害怕他覺得我水平不夠，覺得我上的大學不如他。所以，我對他很嚴苛，無論是什麼工作，即使他做得再好，我也會從中挑出毛病來。後來，這個小夥子幹了半年，覺得實在憋得委屈，就辭職了。因為我自己的問題，傷害了這個剛進社會的小夥子，現在想起來，真的是很後悔。」

對於阿堯來說，這樣的事情還有很多。在他更加成熟之後，對自己的了解也更深，對曾經傷害過的人開始感到抱歉。阿堯說：「我骨子裡是自卑的，因為自卑，所以才像一隻隨時都在防禦別人的刺蝟，時刻處於戰備狀態。每當自卑感來襲，我的情商幾乎是零。」

02／

自卑是覺得自己不好，同時害怕別人看出來自己的不好，如果有人覺得這像是柔弱的、不具攻擊力的，這種想法是不完全準確的。自卑也是帶刺的，就像個體心理學的創始人阿德勒（Alfred Adler）所說：「自卑感的表現方式有千萬種，有強烈自卑感的人並不一定是個柔順、安靜、拘束且與世無爭的人。」

阿德勒曾在《自卑與超越》（*What Life Should Mean to You*）中舉過這樣一個例子，有三個孩子第一次被帶到動物園，當他們站在獅子籠前時，一個孩子躲在母親的背後，全身發抖地說：「我要回家。」第二個孩子站在原地，臉色蒼白，用顫抖的聲音說：「我一點都不怕。」第三個孩子目不轉睛地盯著獅子，並且問他的媽媽：「我能不能對牠吐口水。」

其實，這三個孩子在此刻都是害怕的，他們感到了自己的劣勢，並且選擇了不同的方式來掩蓋和抵禦這種劣勢，只不過有的方式顯得溫和，有的顯得激烈。而這種激烈會傷害自己，也會傷害別人。

03／

這幾年，「情商」成了一個特別受歡迎的用詞。一般人希望透過提高情商獲得良好的社交關係，領導者希望藉由提高情商來更好地管理團隊。我們一直試圖學習如何好好說話、如何讀懂別人的言外之意，可是你有沒有感覺到自己的情商似乎沒有提高，這可能就是因為你心底的自卑。

耶魯大學第二十三任校長彼得．薩洛維（Peter Salovey）曾經與約翰．梅爾（John Mayer）一起提出了情商模型，指出情商包含了四種能力：

- 判斷他人的情緒。
- 利用情緒推動思維。
- 理解情緒產生的原因。
- 將情緒融入決策之中，並做出生活中的最佳選擇。

其中第一環便是判斷他人情緒的能力，可是當一個人被自卑所籠罩，處在被刺激的情境之中，保全自己的自尊都來不及了，又怎麼判斷並理解他人的情緒呢？

人只有處理好了自己的情緒，才有能力照顧他人、體恤他人。我們對朋友如此，老闆對員工如此，父母對孩子也如此。所以，提高情商的第一步，不是學習如何好好說話，也不是學習察言觀色，讀懂別人的言外之意，甚至是微表情，而是從消除自卑感開始。當你的內心不再兵荒馬亂，不再被輕易地刺痛和點燃，你才能做到平視自己和他人，找到讓自己和別人都舒服的相處方式。

讓彼此舒服，是情商最好的體現。

11

Keep in mind

人只有處理好了自己的情緒，才有能力照顧他人、體恤他人。

內心住著一個哭泣的小孩，該怎麼照顧他

每一個孩子的成長都需要時間。如果一個人的內在小孩沒有被撫慰過，痛苦不曾從心裡完全釋然，那些感受就會一直存在，和這個人一起長大。

01／

有位讀者留言給我，他說自己是一個男生，從小頭髮就很少，無論到哪裡都會被人嘲笑，他覺得自己一直在面臨一場災難。他的父母一直拼命賺錢供他讀書，但

是並不能理解他的痛苦和恐懼。從來沒有人保護他、安慰他，也沒有人告訴過他如何面對這個世界。他感覺不到自己存在的價值，也不覺得自己是值得被愛的。

他一直被痛苦纏繞著，只能用掩飾和偽裝的方式保護自己。大學畢業後，他進入社會，經常感到他的內心有一個小孩在哭泣，很難受，不知道怎麼安慰自己心裡的那個小孩。他自己也知道沒頭髮並不是什麼大事，如果能得到適當的愛和保護，他也能像其他人一樣健康地成長。他看過很多書，希望可以解決自己的心理問題，他覺得如果能讓自己的內在小孩感到幸福，自己也會脫胎換骨，但是不知道怎麼辦。

看完這段留言，我非常心疼他心裡那個一直哭泣的小孩。儘管他早已懂得沒有頭髮不算一件大事，但是在孩子的世界裡，沒有頭髮就意味著自己和別人不一樣，意味著會被別人嘲笑。在孩子的世界裡，這一定是件天大的事情，如果沒人加以正確的引導和撫慰，那他在童年時期裡感受的恐懼、沮喪、無助、自卑都會和他一起長大。雖然長大後的他見過很多人把自己的頭髮剃光，他也意識到沒有頭髮不是一件那麼嚴重的事情，但對他而言，童年沒有頭髮這件事的恐懼並不會因此而改變，因為感受是有記憶的。

如果一個人的內在小孩沒有被撫慰過，自己的痛苦沒有從心裡完全釋然，那些感受就會一直存在，和這個人一起長大，使其變得自卑、孤獨，不敢面對其他人。因為在他的內心世界，所有人都有可能嘲笑、貶低、傷害、遠離自己，他會用偽裝和掩飾的方式來保護自己。

02／

很多人的童年，都帶有傷痕。很多文章都願意講述童年的美好，而事實上，太多人的童年都有著自己的痛苦。這並不是說所有的原生家庭都不好，而是我們原本就活在一個真實的世界裡，難免會發生一些有意或無意的傷害事件。

另外一位個案跟我說過她的故事。她的樣貌在人群中不算出眾也絕對算不上醜，但是對於她來說，不幸的是她有一個從小漂亮到大，每個人見了都會誇一句「太漂亮了」的姐姐。她的姐姐只比她大一歲，她從小和姐姐一起上學、一起玩，每一次出門，姐姐都會受到大人們的讚美，而她只能躲在一旁，像一隻被冷落的醜小鴨。時間長了，任何時候姐姐總把腰背挺得直直的，做什麼事都透露著自信，而她在不經意間學會了往後退縮。媽媽買了好看的裙子，她會習慣性地讓姐姐先挑。討論問題，和姐姐意見不一致的時候，她習慣性地聽從姐姐的意見。以至於長大以後，喜歡她的男生追求她，她都開始懷疑：「我不夠好看，躲在人群裡都很難被發現，他為什麼會喜歡我呢？」長期活在漂亮姐姐的陰影下，「我不配，姐姐才配」的想法印在了她腦海裡，成為她的認知。

類似的傷害，其實有很多。小時候的你很努力地想要得到父母的誇獎，可偏偏父母怕你會得意忘形，永遠抓著你的缺點說，對你的優點卻視而不見。你很想和其他的小女孩一樣，有很多漂亮的洋娃娃，可家裡經濟條件不允許，所以你只能做那個懂事的乖孩子，告訴父母你不喜歡洋娃娃。在學校被同學欺負了，回到家想讓爸爸媽媽抱抱自己，可一進門發現父母正吵得不可開交，沒有人注意你身上的傷口。

03／

這樣的故事還有很多，對於在童年時期受過傷的人來說，內心的那個小孩沒有被照顧好，該怎麼辦呢？

我總結了九個字——看見他，安慰他，陪伴他。

首先，看見他。在獨處的時候，好好感受一下那個內在小孩，他多大了、在做什麼、和誰在一起。我曾經問過很多個案這問題，只是希望他們可以更清晰地看到心裡那個孩子。

有位個案告訴我，他的內在小孩年齡是五歲，父母在家吵成一團，他在一個角落靜靜地看著，恐懼又無助。另一位個案告訴我，他的內在小孩六歲，在家門口，呆呆地站著，很孤獨。還有個案對我說，他的內在小孩四歲，看著爸爸和媽媽照顧更小的弟弟，而他正餓著肚子。不管那個內在小孩幾歲、在做什麼、多麼無助和可憐，你首先都需要先看清楚他。

其次，安慰他。想像一下，如果那個小孩是你自己的孩子，你會怎麼對待他。你會不會告訴他，「父母吵架是他們自己的問題，不是你的錯。」你會不會抱緊他，對他說，「我知道你孤單，陪你一起玩，好不好。」這樣的話。你會不會把他拉到廚房，把剛做好的熱騰騰飯菜端給他。這些行為，其實都是對童年缺失的補償，滿足內心那個小孩的需求，這種看似幼稚的行為，其實非常有必要。

最後，陪伴他。陪伴意味著不離不棄，也意味著包容。當你看到自己的內在小孩時，你會發現，他也會犯錯，他在面對別人的時候會脆弱敏感，有時候懶惰，有時候倦怠，有時候定了目標，卻怎麼也達不到。這個時候，陪伴就好。不指責，更不強求。慢下來，等待他慢慢地重拾力量，自我整合。

每一個孩子的成長都需要時間，你也不例外。有時候想想，長大真的是一件很棒的事情，小時候，無論從體力還是經濟上，你都沒有辦法照顧自己。而現在的你長大了，可以獨立生活，也可以用自己喜歡的方式照顧自己。那些曾經的遺憾可以慢慢釋然，傷痛也能慢慢得到治癒，你仍然會成為一個有自信、內心充滿愛的人。

⑫

Keep in mind

重新照顧那個在童年受過傷的內在小孩，等待他慢慢重拾力量，再次成為一個有自信、內心充滿愛的人。

上癮的討好

每一份討好背後，其實隱藏的都是討好者的期待。只要看著身邊人的需求被滿足，他們甚至比對方都開心，只是這份開心，早已分不清是出於真心還是出於習慣。

01／

生活中，我們應該都遇過一些「好心人士」，見你沒有吃早餐，恨不得把手裡的早餐硬塞給你，寧願自己餓肚子。見你被空調吹到打噴嚏，她會取下身上的披肩給你，儘管她穿得也不比你多。你失戀了，她恨不得二十四小時陪在你身邊，陪你聊天陪你哭，丟下老公、孩子不管也無所謂。

他們的身上似乎長滿了雷達，在你有需要的時候，甚至可以比你自己更早地感知到，並且施以援手。他們給你的關注和愛甚至比母愛更多，似乎你過得不好，都是他們的責任，他們有義務滿足你所有的需求，讓你開心、讓你滿意。有人給他們取了一個專門的名字——「媽癌」患者。

所謂媽癌，是指喜歡替人操心、替人著想，朋友遇到問題比當事人還緊張，對待朋友就跟對自己孩子一樣。

媽癌的典型症狀如下：

症狀一：操心。

這種操心主要指過分關心對方的生活和感情。比如，閨密跟她說最近過得不開心，她恨不得一天一個笑話逗姐妹開心，買禮物給她，帶她去遊樂場，比男朋友更盡責。

症狀二：親力親為。

把對方當成兒女，成為朋友的「爸媽」。在對方上課或上班之前準備好早餐，午餐幫對方打包便當並且帶上一杯果汁，下課或下班之後要去接對方，睡覺前為對方蓋好被子。

症狀三：別人不會領情。

過度的干涉和代勞會帶來一種結果，就是如果你有一件事沒做好，對方就會把所有的怒火都發洩在你身上，甚至會說你沒本事還要多管閒事。無論你之前做得多好，對方都沒有當成一回事，反而擺出一種「朋友當到這裡」的態度。

嚴格地說，媽癌不算病，只是一種忍不住想對別人好，特別擅長感知別人需求並予以滿足的行為傾向。

你是媽癌患者嗎？以上三條症狀，你中了哪條？

02／

媽癌類型的人所表現出的優點和缺點都極為明顯。優點就是人好。每一個討好型的人都恨不得把身邊的人寵成寶寶，關心對方有沒有吃飽、是不是穿不夠著涼了。有這樣的一個朋友，其他人會感到自己是被溫暖和愛圍繞的。而缺點也一樣，就是人太好。他會給你溫暖和愛，陪你哭或笑，看到好玩的東西買給你，吃到好吃的留給你，但他也會對你有所要求，這種要求甚至有些控制的味道。

你跟渣男交往，被傷了，找她哭，她陪著你，但是，如果你還不爭氣地跟對方繼續交往，她可能一直嘮叨到你分手為止。除了遠離渣男這種事，例如你買水果到底應該買國產還是進口的這類生活小事，媽癌個性的人也會動之以情、曉之以理地說到你聽從為止。

之前有位個案跟我說起，她身邊有個媽癌同事，光是她應該在實體店還是購物網站買衣服，就苦口婆心勸說了一個月，而且每次見到她收快遞，都是一副恨鐵不成鋼的表情，搞得個案為了避免被嘮叨，現在把快遞的收貨地址通通改成了住家。所以，對於媽癌患者，我們真是又愛又恨。

媽癌的本質是討好型人格，或者說是升級版的討好型人格，他們把討好這件事做到了強迫的地步。只要看著身邊人的需求被滿足，他們甚至比對方都開心，只是這份開心，早已分不清是出於真心還是出於習慣。

這樣程度的討好必然與原生家庭脫不了關係，每一個討好者的背後，大概都有一個會「有條件」誇他們的父母，這種條件可能是聽話或懂事，也可能是考試成績達到了父母的期待。為什麼有條件的誇獎會造成強迫性的討好別人，甚至像上了癮一般不停地做滿足對方需求的事情呢？

美國心理學家史金納（B. F. Skinner）做過一個關於行為成癮的實驗，實驗對象是兩隻鴿子。兩隻鴿子分別放在兩個專門的箱子裡，箱子裡裝有控制桿，鴿子每次按壓控制桿，就會有食物掉入食槽。一號鴿子一直保持這樣的頻率，每按壓一次控制桿，就會得到食物，而二號鴿子在前幾分鐘保持著與一號鴿子同樣的頻率。隨後，實驗人員更改了實驗設置，把食物的給予變成了隨機事件，也就是說，二號鴿子可能要按壓五、六次才可以獲得食物，也可能在第十次和第十一次連續獲得食物。

實驗到後來，研究人員撤銷了食物的獎賞。結果，一號鴿子按了一會兒控制桿，發現沒有食物繼續出來，就從控制桿旁邊走開了。而二號鴿子依舊一次又一次地按壓控制桿，直到累了才停下。二號鴿子之所以堅持一種於己不利的習慣，是因為它對食物可能下一次就會出現的希望或者機會上癮了。

這個實驗幾乎解釋了所有的成癮行為，無論是網癮、毒癮、還是討好成癮，本質上都是因為有可能贏，所以不停地玩下去。從這一點上來說，那些從來沒有得到父母誇獎或者一直被父母誇獎的孩子，都很難對討好上癮，恰恰是那些「有條件」被父母稱讚，又不那麼容易被父母讚美的孩子，最容易對討好這件事欲罷不能，以至於成為媽癌的患者。

當一個人竭盡全力去討好別人、滿足別人的需求時，就像極了史金納實驗中的二號鴿子。他們為了獲得可能的誇獎和讚美，寧願犧牲自己的內心需求，不停地去感知對方的喜好。所以，每一份討好背後，其實隱藏的都是討好者的期待。

他之所以不停地對你好，是希望你會誇他：「你真是個好人。」他之所以不停地在你面前嘮叨，是希望你告訴他：「原來你說的才是對的。」他用十倍、百倍的討好換你一句讚許和認可，就像小時候渴望父母的稱讚一樣。

每一個人都渴望別人的認可，被人誇獎都會覺得很開心，但是對一般人來說，誇獎是生活額外得到的禮物，有的話，當然好，沒有也活得下去。而對於討好者來說，讚許、誇獎、肯定，這些都是賴以維生的空氣，失去了就活不下去。哪怕已然成癮，他們也會忍不住地討好、滿足別人。

03／討好者，還有救嗎？

想讓討好者停止對別人的討好，就像要讓賭徒離開賭桌一樣，並不容易，但是討好者至少可以從此刻開始，把感知需求的神經由外界轉向內心，告訴自己：「在感知別人需求的方面，我是專家，但在滿足自我需求時，我卻笨拙得像個小學生，需要從頭學起。」

首先，要相信的是，你不會讓所有人滿意。無論你如何取悅別人，總會有人對你不滿意，哪怕你把自己弄得完全失去自我，變成一個爛好人，依然會有人不喜歡你，可能僅僅只是因為你人太好以至於讓別人覺得沒有個性。

「她不過是個好脾氣、熱心腸的年輕女人。我們很難討厭她，因為我們根本就沒把她放在眼裡。」珍・奧斯汀曾經在作品中描述過這種「好」。請記住，你早已不是那個需要靠父母誇獎才能獲得自信的孩子，長大後的世界，你可以選擇做那些讓自己覺得開心而不是別人滿意的事情。

其次，尊重自己的感受。

感受不會騙人，當你學會尊重自己的感受，至少懂得不在自己覺得委屈的時候還強迫自己去順從附和別人。至少不會在自己覺得冷的時候，連說一句「可不可以把空調關小一點」都戰戰兢兢，擔心自己給全世界帶來了麻煩。

如果完全尊重自己的感受對現在的你而言是一件很難的事情，至少每天花一點時間做一件讓自己開心的事，它可以小到買支喜歡口味的冰淇淋，花二十分鐘進行冥想，也可以約知心的朋友一起用餐，或者送自己一次旅行，犒賞一下自己平時的辛苦。

最後，學會表達需求。

在你以往的世界裡，別人的需求幾乎等同於你的需求，一旦有衝突出現，你也會把自己的需求排在後面。當你決定戒掉「討好病」，不再做一個討好者的時候，要開始學習表達自己的需求。別人不見得一定會忽略你的需求，只是你一直都沒有表達而已。從喜歡吃什麼樣的食物、穿什麼款式的衣服開始，一點一點地向別人表達自己的需求。在這個過程中，你會越來越像自己，也會越來越自在。然後你會發現，原來這麼多年，你都在做一個別人定義下的自己。真實的自己，原來那麼不同，那麼有趣。

最後提醒大家一句，討好是一種癮，越早戒掉越好！

13

Keep in mind

> 你早已不是那個需要靠父母誇獎才能獲得自信的孩子，長大後的世界，你可以選擇做那些讓自己覺得開心而不是別人滿意的事情。每天花一點時間做一件讓自己開心的事吧。

如果你聽了很多道理，依然沒有學會拒絕

在你的心裡，說「不」代表著不可挽回的災難。所以無論再忙，無論再不情願，你還是會強忍著答應下來，這樣至少可以避免那些糟糕的結果。

01／

拒絕是一種能力。有的人輕輕鬆鬆就擁有這項能力，並且使用頻繁。有的人學習了很久，努力了很久，依然沒有學會。你大概已經聽過很多這樣的道理，比如想

維護人際關係的界限，要學會拒絕。想維持自己的生活節奏，要學會拒絕。只有學會拒絕，才知道自己真正想要的是什麼。

道理你都懂，但拒絕對你來說仍然困難。彷彿每一次拒絕都要與巨大的恐懼、自責、不安戰鬥。想來想去如果這麼艱難，簡簡單單地說「好的」反而更容易，也更輕鬆一些，不如乾脆放棄說「不」的權利好了。

其實，對於很多人來說，「不」字絕不僅僅是唇齒間的一個音節。我們在兩歲左右的時候，幾乎每個人都可以毫不猶豫地說出「不要」。媽媽讓你吃飯，你會說「不要」。鄰居的小男孩要搶走你的玩具，你會喊「不要」。那個時候，說「不要」單純只是意願的表達，喜歡的說「好」，不喜歡的說「不要」，僅此而已。隨著年齡的增長，說「不」對於你來說意味著太多的事情，表達意願的背後會有許多擔心、恐懼和不確定。為什麼拒絕會變得那麼難呢？

第一，說「不」意味著關係的破裂。

很多人之所以很難說「不」，是因為害怕一個「不」字背後所面臨的關係破裂，以及不可預知的衝突和爭吵。比如，你的工作正在趕進度，同事對你說：「可以幫我整理一下演講稿嗎？」你明明很忙，甚至對他發表的內容根本不太熟悉，但依然很難說「不」，因為你害怕一旦「不」字說出口，會遭受同事的冷言冷語。

「裝什麼呀？全公司就你最忙，幫我整理一下演講稿，會花你多少時間？」

「前兩天老闆批評你的時候，我還在老闆面前幫你說了好話，這麼快就忘了？」

……

這些話在你說「不」之前就已經出現在腦海裡，你甚至會想像自己因為沒有幫同事這個忙，他會把這件事傳出去，自己從此將變成一個無法與同事友好相處的人，其他人都會疏遠自己。總之，在你的心裡，說「不」總是意味著不可挽回的災難。既然結果如此嚴重，無論再忙，無論再不情願，你還是會強忍著答應下來，這樣至少可以避免那些糟糕的結果。

第二，說「不」意味著無能。

有一些人無法說「不」，是因為說「不」等於是告訴別人「我不行」，這當然是萬萬不能的。

朋友曾經跟我說過一個自己的故事，上大學的時候，同學找他翻譯一篇醫學主題的文章。那個時候，他被同學奉為學霸，但是能力還遠遠沒達到能翻好一篇專業文章的程度，何況又是自己完全不了解的醫學領域。他感覺自己做不好這件事，但還是硬著頭皮攬了下來，結果自己翻譯的文章根本拿不出手，最後他花錢找了翻譯公司重新做，也沒有告訴同學真實的情況。他保住了學霸的稱號，但他為了面子付出的是實實在在的金錢和時間，以及怕被別人戳破的煩惱。

真正的強者，不是事事皆知與萬事皆能的，他們懂得自己的局限，可以坦然地拒絕。

第三，說「不」意味著不友好。

對於和善與友好，我們常常懷有某種執念，除了某種心理因素，還與華人根深蒂固那種要與人為善的觀念有關。所謂與人為善，就是要事事親和、樣樣妥貼，而拒絕傳遞出的意味是不友好的，這是絕對不可以的。

美國著名心理學家蘇珊．紐曼（Susan Newman）在《不得罪人的回話術》（*The Book of No*）中寫道：「小時候，如果你拒絕把自己的玩具分享給一個蹣跚學步的孩子，你就會被送回自己的房間反省，或者父母會把這個玩具直接拿走，不再讓你玩。拒絕父母管教或指導，我們就會失去很多權利，這些早年的經歷都轉化成人們對於說『不』這個詞的具象恐懼。」

從小就被教導要與人為善的我們，對於說「不」，無形中會有一種抵觸，那會讓你覺得自己對別人不夠友好。如果你拒絕了別人，甚至還會感到內疚和羞愧，但其實這件事情本身就和你沒有關係。

02／

我們該如何才能學會說「不」呢？在你學習說「不」的過程中，以下幾個建議會對你有所幫助。

練習一：改變觀念。

很多不會拒絕的人，內心都有執念，比如想讓所有人都喜歡自己，或是認為自己能做好所有的事情。一旦他們有這樣的執念，就會將自己置於別人的評價體系中，根本不會考慮自己的需求，也不會按照自己的意願生活，只會把注意力都放在別人的身上，以獲取一個「你人真的很好」的評價。這種只是他們眼中理想的情況，真實的情況是，無論他們如何努力，總會有人是不喜歡他們的，怎麼做都會有人覺得不好。所以，放下自己的執念，不再期待每個人都喜歡你或認可你，表示拒絕的「不」字，就不會那麼難以出口了。

練習二：為自己設立底線。

對於剛剛開始學習拒絕的人來說，這個過程就像小孩子開始學習走路一樣艱難。在這個階段，你未必可以對所有的人和事說「不」，但至少能開始為自己設立底線。如果你曾經是辦公室裡的萬金油，任何人有事都會直接找你幫忙，那你現在可以試著為自己設立這樣的底線：「今天上午一定要把我的報表做完，別人的需求一律往後放。」

有了這樣的一條底線之後，若是有人找你幫忙，你可以直接告訴對方，自己上午很忙，如果需要的話，下午時段可以提供協助。這並不能產生最好的效果，但因為你為自己設立底線，你有支撐可以說出委婉拒絕的話，而且當你說出這句話的時候，你就已經開始懂得拒絕了。

練習三：學會直接拒絕。

你一定有過這樣的經歷，朋友約你週末參加聚會，你明明這週工作很累，只想在家裡好好休息，但礙於朋友的熱情，你覺得拒絕朋友會傷了對方的面子，所以模糊地給出「到時候再說」或「過兩天再回你」的答覆。結果就是，在那之後的幾天裡，你都在找一個合適的理由，想把這次聚會推掉。與其如此，不如一開始就乾脆爽利地說出「我這週太累了，就不去聚會了」這樣的話。其實，真正傷害關係的不是你不參加聚會，反而是你吞吞吐吐、模棱兩可的態度。

練習四：學會信任他人。

害怕拒絕別人的人多少都有些「救世主」的心態，認為自己拒絕別人之後，別人會難過，覺得無所適從。實際上，每個人在提出要求的時候，就已經同時做好了答應和拒絕兩種心理預期。無論你給哪一種回答，都滿足了對方五〇%的心理預期。

另外，想找你幫忙翻譯文章的人，被你拒絕後，還會找到其他合適的人幫他翻譯。想找你幫忙做投影片的人，如果實在找不到人，他自己硬著頭皮也會做完。所以，你不用為別人的期待過度負責。

最後，祝你勇敢說「不」，隨心所欲按照自己的意願生活。

⑭

Keep in mind

真正的強者，不是事事皆知與萬事皆能的，他們懂得自己的局限，可以坦然地拒絕。

取悅，是一場高成本的內耗

每一個習慣取悅的人，大概都很忙，忙著感知別人的需求，忙著選擇先滿足誰，忙著焦慮地等待別人的認可，似乎昨天得到的喜愛和認可在明天就會重新歸零。

01／

「老師，你覺得我這麼做，男朋友會開心嗎？」諮商室裡，琪琪的手裡捧著兩張剛買的電影票問我。琪琪說：「昨天晚飯做得不好吃，他的話特別少，晚上想和他一起看電影，補償一下。」

琪琪是我的個案，二十五歲上下的女孩，在人群中不太會被人注意，但只要走近她，一定可以察覺她的貼心和周到，處處為你著想，彷彿對你好就是她最大的使命。

記不清她這是第幾次問我：「我這樣做，他（她）會高興嗎？」這個他（她），可能是男朋友，可能是母親，可能是公司的同事，也可能是一起長大的青梅竹馬或是剛認識的朋友。總之，可以是任何人。她曾經為旅遊的朋友訂好酒店並全程陪玩了整整一週，不惜耽誤工作。她曾經將一日三餐的花費壓縮到五十元以內，只為了省錢給男朋友買喜歡的手機。她也曾經因為同事一句「你這條項鍊真好看」，便偷偷買了一條同樣款式的送給對方。

這個女孩就像哆啦A夢一樣，可以滿足所有人的需求。我當時看著眼前這個戰戰兢兢、等待我替她男朋友回答是否滿意的女孩時，問她：「這樣做，你開心嗎？」她有點驚訝，大概在她的生命裡，很少有人問過她是否開心，包括她自己。

琪琪說自己似乎從小就有「特異功能」，特別能察覺別人的情緒和需求，也習慣性地滿足別人。她會因此聽到別人的誇獎，也有人會覺得她不真誠。小時候，她親耳聽到鄰居阿姨和別人聊天時說：「那個妹妹啊，太八面玲瓏了。」那個時候的琪琪很傷心，「八面玲瓏」四個字刺痛了她。可是長大之後，她也沒有辦法讓自己停下來，對別人好已經成了她的習慣。

琪琪這樣的人，生活中還有很多。我曾經聽過一個年輕作者說自己在寫作的路上被最好的朋友說她的文章一文不值，她嚇得好幾個月不敢在自己的社交帳號上更新文章，生怕被批評。後來她才知道，最好的朋友其實並沒有看過她的文章，對她的批評不過是出於對她的慣有印象。

我也曾經聽另一位個案告訴我，她一直都覺得男朋友喜歡長髮飄飄的姑娘，儘管早就動了剪短髮的心思，卻因為自己假想出來的男朋友喜好，留了很久的長髮。直到某天，她終於狠心剪掉了長髮，男朋友卻說這樣的她更漂亮。

這些人都有一個共同的名字，就是取悅者。他們習慣性地讓別人高興，對別人好，想得到別人的認可，全然不顧自己的感受，甚至不曾考慮過，這樣將一顆心繫在別人身上的取悅究竟耗費了多少心力。

取悅，其實是一場高成本的內耗。

02／

每一個習慣取悅的人，大概都很忙，忙著感知別人的需求，忙著選擇先滿足誰，忙著焦慮地等待別人的認可，忙著擔驚受怕——是否會因為自己做得不夠好而被拋棄。而每一個取悅者又都是健忘的，似乎昨天得到的喜愛和認可在明天就會重新歸零，然後再重新啟程，追求更多的認可。

這樣累嗎？當然累，可是他們停不下來。這一切彷彿成了無止境的迴圈，追求認可→忘記→重新追求更多的認可。在這個迴圈裡，取悅者像極了陀螺，被鞭子抽打著不停旋轉。在這樣的過程裡，取悅者消耗了自己的時間，耗費了心力，看似一直在對別人好，卻很難獲得想要的情誼，甚至會像琪琪一樣獲得八面玲瓏的評價，得不償失。更重要的是，在本該自我探索、認識自己的能量與界限、找到真正所喜之事和所愛之人的日子裡，取悅者對自己內心的聲音置若罔聞，全心全意投入在滿足別人需求。

在某一個清晨醒來，陽光灑滿全身，你輕輕地問自己：「我到底是誰？這一切究竟為了什麼？」

03／你，是這樣的取悅者嗎？

不同的取悅者雖然有著相似的行為，但是這其中的心理動機卻不相同。擁有二十五年臨床心理學家實務經驗的美國作家海芮葉・布瑞克（Harriet B. Braiker）在其暢銷書《不當好人沒關係：為自己活遠離取悅他人的夢魘》（*The Disease To Please*）中，將取悅分為認知型、習慣型和情感逃避型。

第一類：認知型取悅。

驅使這種類型取悅者討好他人的動力，其思維模式是這樣的：「我需要並爭取讓每一個人都喜歡我。」他們堅持認為自己需要做個好人，不能做個自私的人，為了保持自己的「好人」形象，需要將他人的需求放在高於自己需求的位置上，這對衡量自尊和定義自我有很重要的意義。

第二類：習慣型取悅。

對於這種類型的取悅者來說，取悅帶有一種自我強迫，甚至是成癮的行為模式。取悅對於他們而言似乎是一種與生俱來的習慣。記不清自己是何時開始取悅別人的，更確切地說是記不清自己什麼時候不是取悅者了。在他們眼裡，別人的認可是氧氣一般的存在，不可或缺。

第三類：情感逃避型取悅。

這種類型的取悅者，他們的取悅行為大多是為了逃避令人不安的情感所致。對於他們而言，別說真的跟他人發生衝突，僅僅是有這樣的預感都會引發焦慮。他們將取悅作為一種策略，目的是為了保護自己，用讓對方滿意的方式來逃離憤怒、衝突和對抗。

如果你是認知型取悅者，請一定要告訴自己，好人並不代表要滿足所有人的需求，維護自身利益與自私自利有著天壤之別。你可以選擇犧牲自己，滿足別人的需求，但這樣只能證明你喜歡傷害自己。

如果你是習慣型取悅者，你一定要明白，沒有誰可以一直獲得別人的認可，你是什麼樣的人和你做了什麼事並不是兩個完全相同的概念，你要學著區別這兩者。認識到這一點，你便不會對偶爾的批評和指責感到憂心忡忡。誰都不可避免地會犯錯誤，你也一樣。

如果你是情感逃避型取悅者，你要學習的是如何面對和處理衝突，而不是依靠一味的付出來避免衝突的產生。你靠取悅來逃避憤怒、衝突和對抗所獲得的短期利益，遠遠比不上沒有學會表達憤怒和管理衝突的技能所帶來的損失，這些技能會讓你和你的人際關係變得更愉快、更健康。

取悅，可能是內耗程度最高的事情，不僅浪費了自己的時間，而且導演了一場又一場的內心戲。在本該提升自己、做喜歡之事的年紀，選擇了苦悶，丟掉了本該找到的自我。從任何一個角度來看，都是不值得的。如果一定要取悅，請你先取悅自己。

羅伊·馬丁納（Roy Martina）曾經說過：「我生命裡最大的突破之一，就是我不再為別人對我的看法而擔憂。此後，我可以自由地做我認為對自己最好的事。只有在我們不需要外在的讚許時，才會變得自由。」

請相信，你也可以像他一樣，在成長中擺脫對認可的依賴，獲得真正的自由。

⑮

Keep in mind

如果一定要取悅，請你先取悅自己。

「讀心術」是我最不想要的能力

取悅者最大的損傷不在於時刻需要照顧身邊人的情緒，而在於他們過多地關注別人而喪失了自我。

01／

常常有人問我：「心理師是不是就像有讀心術一樣，時時刻刻都可以讀懂別人的心思？」遇到這種問題的時候，我都會回答：「如果可以，讀心術其實是我最不想擁有的能力。」

聽到這個答案，提問者總會反問：「你是諮商心理師啊，擁有了這項超能力，不會讓工作事半功倍嗎？」可是我想說，正因為我是個諮商心理師，才更加懂得擁有讀心術的人是多麼疲憊。

在生活中，很多人都擁有讀心術的能力，這些人有一個共同的名字——取悅者。取悅者身上的雷達隨時都是打開的狀態，用來感知別人的需求，一旦發現，便會傾盡全力地滿足對方。他們會把滿足別人的期待當成自己必然的使命，會把別人糟糕的情緒解讀為是自己的過錯，甚至好像會比你更清楚自己究竟想要什麼。

在我剛開始做諮商心理師的時候，遇過這樣一位個案，他是一個大學生，每次來諮商都會畢恭畢敬地鞠躬，坐在沙發上時，總是挺直後背，非常認真地回答我提出的每一個問題。他會在每次諮商後，認認真真地把我說過的話寫在紙上，背下來，在下次諮商的時候，仔細地說給我聽，以此證明他是在好好諮商的。看到我愛喝咖啡，他會在諮商時帶一杯咖啡給我。感恩節，他還會傳送簡訊表示祝福。

在每一次和他的諮商中，我都感覺自己是在被他照顧的。其中有一次，我因為前一天晚上沒有睡好，在諮商的過程中忍不住打了個哈欠，他便立馬戰戰兢兢地問我：「心理師，是不是我說錯了什麼？」

那一刻，我真的特別心疼他。我問他：「這樣時時刻刻在乎別人的情緒，並且總把錯誤歸結於自己，會不會覺得辛苦？」

他說：「習慣了，我一直都是人群中照顧別人的那一個。室友生病，如果沒有及時幫他倒水給藥，我連去圖書館念書都無法安心，總覺得自己少做了什麼。」

我又問：「這樣全心全意地照顧別人，還有時間關心自己嗎？」

這一次，他沉默了很久，然後，他抬頭對我說：「你剛剛問我何時關心自己的時候，我的腦子是空白的，因為我從來沒有想過這個問題，也從來沒有人問過我這個問題。」

取悅者就是我們身邊那個擁有讀心術的人，他們太懂得揣摩別人的想法、照顧別人的需求，然後不遺餘力地去滿足。就像我遇到這個案，知道我剛入行，有被尊重的需求，所以他會背下我說的話，讓我覺得被需要。他知道我愛喝咖啡，所以來諮商時會帶杯咖啡給我，滿足我小小的習慣。於我，自然會感到舒服；於他，怕是辛苦難當。原本就是會特別照顧別人的人，如果再吃了讀心術的膠囊，又會怎麼樣呢？

會不會隨時覺得朋友A需要陪伴、朋友B需要借錢、朋友C需要一份精美的生日禮物……然後，像陀螺一樣拼命地讓別人滿意、讓別人開心。如果是這樣，他更不會有時間照顧自己。

02／

其實，讀心術真的算不上什麼神奇的能力，我們每個人幾乎都經歷過讀心術的訓練，這種訓練包括懂事、聽話、別光想著自己、要為別人考慮……

我曾經參加過一個分享會，其中有個人分享了自己童年的故事。小時候，他最引以為傲的標籤是「懂事」，因為他的媽媽逢人便會說，「我兒子特別懂事。」之後還會加一句，「不信，你們可以試試。」

有一次，媽媽帶著他去上班，面對著辦公室的叔叔和阿姨，他的媽媽又一次邀請大家「試試」他有多懂事。有的人要他倒水，有的人叫他背首古詩，有人要求他唱歌，最過分的是有人要他在地上打個滾。那一年，他只有六歲。

他並不樂意被別人試來試去，但是既然媽媽說了他很懂事，他就需要證明自己是真的懂事。這是他最初學會的讀心術，他讀的第一個人是他的媽媽，他讀到的內容是只要自己向別人證明自己懂事，媽媽就會開心。

人的能力會隨著時間的推移而提高，包括「讀心」的能力。小時候，為了獲得「你真懂事」的誇獎，拼命去做讓媽媽開心的事。長大以後，也會讀懂男朋友想讓自己留長髮的需求，哪怕自己其實一直渴望清爽的短髮。會讀懂同事想讓你在工作上幫個小忙的願望，哪怕已經自顧不暇。會讀懂社會想讓自己活成一個「標準範本」的渴望，哪怕自己一直有顆叛逆的心……

於他們而言，擁有了讀心術，真的是件好事嗎？

03／

出於一名諮商心理師的私心，我希望你停止訓練自己的讀心術，將感知周圍人需要的雷達也一併關閉。外在的世界很大，外在的需求也有很多，你真的不需要讀懂那麼多、知道那麼多。很多時候，你需要的恰恰不是讀懂他人的心，而是向內探索，讀懂自己。

每一次遇到討好型的個案，我都忍不住在心裡對他們說：「嘿，停下來，你不需要知道那麼多別人的想法，你要多看看自己想要什麼。」對於他們來說，讀懂自己是比讀懂別人更難的事情。取悅者最大的損傷不在於時刻需要照顧身邊人的情緒，而在於他們過多地關注別人而喪失了自我。

我想起一個在聚會上異常活躍的朋友曾經說：「我一直以為自己天生是炒熱場子的高手。在同學或朋友的聚會，我每次都覺得自己有義務把氣氛炒熱起來，一旦冷場，我就覺得是自己的責任。」後來，他的女朋友有一次對他說：「你並不是真的外向，也不是真的喜歡熱鬧的場合，你只是習慣性地那麼做。」

那一刻，他被女朋友的話打中了。他想起每次聚會之後，他都需要花一兩天去整理自己，讀書、澆花、做飯、聽聽輕柔的音樂，讓自己慢慢復原。勉強自己去炒熱氣氛，對他來說是一件非常消耗自己的事情，但他一直在做這件事，甚至一度以為自己是喜歡這麼做的。之所以會這樣，是因為他一直都沒有問過自己究竟喜歡什麼。

感知、讀懂別人的需要，對他來說是自動的反應，不需要努力就可以做到。相反，覺察自己，了解自己的內心需求，才是需要刻意提醒自己的事情。

我不想擁有讀心術，是因為我們早就在社會中有意無意地學會了讀懂別人的需要和渴望。社會需要我們做一個「遵循常規」的人，做一個步步踩在點上的人，從讀書、工作，還有結婚等等。這些要求已經刻在我們的心裡，甚至不需要費力去讀，我們都明白，但我們活得不快樂，不知道自己是誰。這恰恰是讀了太多與己無關的需求，而忽略了內心真正的渴望。

如果你擁有讀心術，不要忘記最需要的那個人——自己。

16

Keep in mind

外在的世界很大，外在的需求也有很多，你真的不需要讀懂那麼多、知道那麼多。很多時候，你需要的恰恰不是讀懂他人的心，而是向內探索，讀懂自己。

成年人，可以為自己的委屈負責

在長大的過程中，我們都會有很多的無奈，要學著應對各式各樣的困難，但長大最棒的地方在於，我們開始有能力選擇自己想要的生活方式。

01／

生活中，很多人好像無論處在什麼樣的狀況裡，都能感到委屈。即使完全改變自己的生活狀態，還是無法擺脫委屈。

某天，我跟一個很久沒見的朋友見面。坐下不久，在等一杯咖啡的空檔，她便忙不迭地跟我抱怨，老公只顧著工作，完全不管家裡。婆婆又很挑剔，根本相處不來，她現在要一個人帶兩個孩子，其中的委屈好像幾天幾夜都說不盡。

我聽著她的抱怨，不禁唏噓。兩年前見到她的時候，好像也是這番抱怨，抱怨老公不幫忙帶孩子，抱怨婆婆性格怪異，抱怨孩子毀了她的事業。那個時候，她咬牙發狠地說這輩子肯定不要二胎。兩年之後，她已經成為兩個孩子的媽媽，唯一沒變的是抱怨的內容和透露出的委屈。

我聽著她訴說著生活中的種種委屈，恍然間想起以前認識她的時候，每天化著精緻的妝容，踩著高跟鞋，在北京的高級辦公室上班，一切都很好。即便如此，她也能找到諸多讓自己不滿和委屈的事情，比如午餐太貴、公司附近總是塞車，或是抱怨工作才兩年的同事，穿的用的都比她貴了好幾個檔次。而她的工作雖然看起來前途無量，但加班是常態，直屬主管的嚴格更是出了名的，她每天都必須打起十二分精神，弄得她時刻都處於緊張的狀態裡。

她對工作積累的不滿越來越多，當她的先生承諾可以養她一輩子的時候，她就辭職了。好景不長，聽熟識的朋友說，辭職後不久，她就開始抱怨日子太閒、找不到成就感、先生的工作太忙，以及沒有時間陪她，諸如此類的不滿。

我大概也是認識她之後才意識到，想要消除一個人身上的委屈感是非常困難的，也不會因為境遇的變化而輕易改變。就像我的這位朋友，因為對工作的種種感到委屈，得到先生的承諾之後便辭掉工作，回歸家庭。可是這樣的生活轉變並沒有減少她的委屈感。

對於有些人來說，委屈感是長在身上的。

02／

人一旦被委屈感充滿，就會進入兩種模式——抱怨或者爆發。我的這位朋友屬於前者，把所有的委屈都變成喋喋不休的抱怨，而我聽過另一個故事。有一對夫妻，妻子很用心地經營家庭，但她會在丈夫做得不好時往一個玻璃瓶裡面扔一枚硬幣，等存到一百枚硬幣後，她就選擇了離開。原先聽到這個故事，我會覺得這個丈夫做得很差，但換一個角度來看的話，這個丈夫連一次改正的機會都沒有，就被妻子單方面踢出了局。

無論是我那位愛抱怨的朋友，還是投硬幣的妻子，她們的選擇都是對感情的傷害，而不是消解委屈感的最好方式。人的委屈感通常來自「自身無比正確」的執念。如果你仔細聽，就可以在那些話的背後聽出「我是對的，別人是錯的，所以我委屈」這樣的邏輯。就像我的那位朋友，上班的時候，工作辛苦、老闆嚴厲是錯的。辭職回家，生活太過清閒是錯的。有了孩子之後，老公和婆婆幫不上忙也是錯的……

在所有人都「錯」的反面，是她的「對」。她應該舒舒服服地工作，被人保護和照顧，累了、煩了的時候有人幫著她承擔。可是這怎麼可能呢？整個世界把最好的、最舒服的生活直接拱手相送，只要她不滿意或是感到委屈，負責抱怨就好。哪有事情會是這樣的呢？

關於委屈，不是所有人都能「理直氣壯」地抱怨，有些人的委屈是說不出口的。在諮商生涯中，我也曾經遇到一位個案，她在工作中被同事百般使喚，做了很多不是自己職責範圍內的事情，結果還差點因為替同事「背黑鍋」而丟了工作。

我鼓勵她和老闆說明情況，她推脫許久，始終說不出口。她說自己習慣了委屈和不公平對待，已經不知道如何為自己爭取。這位個案在小時候，習慣了把所有的東西都讓給弟弟，長大之後，也習慣了當受委屈的那個人。因為她是姐姐，媽媽要她學會謙讓，只要是弟弟喜歡的零食，都要留給弟弟。有一年，她想買一套考試用的參考書，媽媽說家裡沒錢，但隨後就給弟弟買了最喜歡的滑板。

這些委屈，這些被「不公平」對待的過往，她不知道應該去對誰表達。所以，她便一直委屈下去了。

03／

成年人，可以為自己的委屈負責。

在長大的過程中，我們都會有很多的無奈，要學著應對各式各樣的困難，但長大最棒的地方在於，我們開始有能力選擇自己想要的生活方式。沒有人喜歡委屈地生活，想要擺脫這樣的生活狀態，有以下兩種方式。

第一，為自己的選擇負責。

是的，不是妄想改變世界，不是去告訴別人自己是無比正確的、犧牲和付出了多少，而是把關注放回自己身上，為自己的選擇負責。

我有位老師講過她自己的故事。她在年輕時一心拼事業，直到三十九歲才生了女兒。有了女兒之後，她的事業受到很大影響，生活的重心不得不轉回家庭，而她的先生正處在職場的關鍵時期，沒有時間照顧她和孩子，但她從來都沒有為此抱怨過一句。她說：「我決定生孩子的那一刻就知道，我不是因為其他人才生孩子。先生、婆婆如果能幫上忙，當然好，如果不能，我也願意花時間和精力來照顧孩子，和孩子在一起的每分每秒都是讓我感到享受的。」

我們沒有能力控制別人，但可以為自己的生活做出一個好的選擇，並且承擔選擇帶來的結果，這也是為自己生活負責的態度。

第二，學著表達。

每個人都有自己不同的標準，也許一不小心傷害了你，讓你受了委屈。這個時候，你要做的不是忍耐，而是清楚地表達「你這樣做，我覺得對我不公平，我不喜歡」這句話。

對很多人來說，說出這句話並不容易。有的人是因為習慣了「不公平對待」，為自己爭取時會感到恐懼，但這份恐懼並非不可戰勝的。只要你鼓起勇氣表達一次就會發現，表達的結果不但沒有你想像的那麼糟，還會讓你因此爭取到屬於自己的權利，同時也向別人表明自己的界限，獲得別人的尊重。

委屈感實在不是一個討喜的存在，但是你要明白，無論是過去還是現在，你是有權利不委屈的。在這個前提之下，你開始為自己的選擇負責。當委屈感出現的時候，試著表達出來，而不是選擇一個人忍下來。

最後，祝你活得灑脫。

(17)

Keep in mind

我們沒有能力控制別人，但可以為自己的生活做出一個好的選擇，並且承擔選擇帶來的結果，這也是為自己生活負責的態度。

別盲目地做個好人，你無法解決所有問題

要說話溫和、做事體貼、孝敬長輩、尊重師長，而且不能發火、不能抱怨、不能疲憊……「好人」的標籤變成一副沉重的枷鎖，讓你好得不像人。

01／

人不是萬能的，但是很多人卻在潛意識裡有這樣的執念——「我可以解決所有的問題。」於是，他活成了一個工具人。

朋友說缺錢，他哪怕省吃儉用，從信用卡借貸都要幫朋友把錢湊齊。同事說有個技術困難解決不了，他寧願動用關係找外援，也要設法把問題解決。親戚來他的城市看病，他包吃包住，幫忙找權威醫師掛號，把自己的家變得像一間旅館。

朋友們都說他是個好人，像哆啦A夢一樣可以解決所有問題。只有他，聽著別人的讚美，卻不知道自己是誰。當然，這個人是他，也有可能是你。為什麼你執意想要活成工具人呢？

當工具人是會上癮的。這個癮來自別人的認可，來自剎那間的自我滿足。曾經有位個案，走進諮商室之後，單刀直入地問我：「心理師，我總是會忍不住對別人好，怎麼辦？」

那個時候，他原本還算不錯的優渥薪水幾乎被朋友、同事和親戚借光了，每個月靠信用卡勉強度日。我問他為什麼一定要借錢給別人，他的理由是別人有需要。我追問：「他們也可以向別人借，為什麼非得是你呢？」

他說：「你知道明星有人設，其實我也有。我的人設就是好人，有求必應。如果我之前幾次都借給他，這次不借，我的人設就崩塌了。」

他的說法和很多人不太一樣，我便繼續問他：「明星的人設崩塌會造成巨大的經濟和名譽的損失，你的人設崩塌會帶來什麼？」

他答道：「損失就是我之前苦苦經營的好名聲沒了，做錯一次，之前做對的九十九次就失去了意義。繼續做好人，換來的是別人的感激和誇獎。拒絕的話，別人就會說，『原來他之前的好都是假的。』」

聽到他的解釋，彷彿做別人的工具人這件事竟然和抽煙喝酒一樣，是會上癮的。而且帶來了兩個方向，向左走，得到的是別人的感激；向右走，之前的付出可能歸零。在心裡盤算一番，最後決定向左走，還是繼續做個像工具箱一樣的好人吧。

明星想要打破自己的人設不容易，原來普通人想要改變別人對自己的看法也是障礙重重。

02／

做個「好人」真的那麼重要嗎？

很多人想要做個好人，但為了做好人，變得來者不拒的人並不多。擁有「做好人」執念的人，大概出於三個原因：

第一，童年時期缺乏認可，缺什麼，補什麼。

我聽另外一位個案說過自己的故事。小時候，因為她的姐姐聰明、漂亮，成績又好，她在姐姐的身邊很少受到誇獎。有一次，媽媽的同事帶孩子來她家做客，她把自己的糖果給了那個孩子。阿姨當時誇她懂事，懂得分享。她的媽媽也說：「這個孩子最大的優點就是不自私，有好東西不會自己藏著。」

在她當時的印象裡，那是媽媽第一次誇她。從此以後，她學會了一件事——把自己喜歡的東西給別人，因為這樣會受到表揚。同樣的文具盒，姐姐喜歡粉色，她就把粉色的讓給姐姐。同樣的項鍊，姐姐喜歡有小熊吊墜的那一個，她就趕緊讓出來。別人家都是姐姐讓著妹妹，但在她的家裡，是她讓著姐姐，因為她知道，這樣會被誇獎。

她帶著這樣的意識和習慣慢慢長大，已經忘了自己喜歡的是什麼。只要別人喜歡，她就拱手讓人。就連工作之後面臨升遷，她也因為同事說家裡的經濟壓力大，最後放棄了主動競爭的機會。

他們喜歡做好人，因為只有做好人，才會獲得別人的誇獎。這樣的想法已經在他們的大腦裡根深蒂固。

第二，完美主義傾向嚴重，不僅追求做好人，還追求一切的「好」。

你一定見過這樣的老闆，他希望自己從生產到行銷都可以精通，在下屬遇到問題的時候，可以豪氣地指點江山。他享受其他人的讚揚，想做好所有的一切，自然也不會放棄做好人的機會。

下屬A要買房子，他會發一個大紅包。下屬B的孩子生病，他幫著聯繫醫院。下屬C跟妻子吵架鬧矛盾，他幫忙去調解。遇到這樣的老闆，自然是一大幸事，但是作為心理師，我想問一句：「累嗎？」

第三，認知偏差，以為好人就意味著不拒絕，照單全收。

我們對「好人」這個詞不僅有執念，還有誤解。似乎只要貼上了「好人」的標籤，就要說話溫和、做事體貼、孝敬長輩、尊重師長，而且不能發火、不能抱怨、不能疲憊……

「好人」變成一副沉重的枷鎖，「好人」好得不像人。當人們內心給「好人」加上了如此多的束縛，就會自動屏蔽「拒絕」、「否定」、「發火」這些行為字詞。就像我的個案，對別人的要求來者不拒，活成了工具人，就是因為害怕自己一旦拒絕，別人會覺得他之前的好都是偽裝的。為了不讓自己的人設崩盤，他就算違背自己的心意，也要繼續做個「好人」。

可是，是誰把好人的標準定得如此之高呢？

03／

別盲目地做個好人，別輕易活成工具人。我們無法滿足所有的期待，更無力解決所有的問題。越簡單的道理，有時候越需要更長的時間去領悟。也許是原生家庭帶來的傷害、對完美主義的執念，或是對於「好人」的誤解，讓你不小心活成了工具人，被別人隨取隨用，不停地滿足所有人。

我很想告訴你，你的時間、經歷和能力都是有限的，就算是真正的工具箱，也有解決不了的問題，你不用勉強自己。有兩個建議，你可以試著讓自己慢慢擺脫做一個「好人」。

練習一：放下自我。不要把自己看得特別重要，沒有你，別人的問題也會找到解決方式。

練習二：學會合作。正因為我們都有解決不了的問題，才需要合作。把目光從「我」投向「我們」。問題還會是問題，但是它的解決辦法多了起來。「我」沒法解決所有的問題，「我們」可以。

「我」要把拼命做工具人的時間省下來，留給真正的自己。

18

Keep in mind

我們無法滿足所有的期待，更無力解決所有的問題。越簡單的道理，有時候越需要更長的時間去領悟。認真問問自己：做個「好人」真的那麼重要嗎？

生命有無數的「更好」，但並不是所有的「更好」都適合自己。

03
告別完美主義

自卑是因為想要的太多

擁有欲望是好事，但擁有無限的欲望，而且每一個欲望都是自己難以實現的目標時，人難免就會自卑。

01／

諮商室裡，個案小菱對我說：「心理師，我很自卑。」

儘管小菱是那種外表出眾、家世不錯、老公寵愛、在職場上有一片天地、每一項拿出來都能讓別人自卑的人，可是憑藉諮商心理師多年的經驗，我太懂得處處優越從來都不是一個人自信的理由，有些人是越優秀越自卑的。我跟她深入討論過自卑的原因，發現她的自卑背後隱藏著一個個更難以企及的目標，而且她會隨時調整這些目標，將它們變得更難完成。

當她擁有一間四房一廳的漂亮房子，她會問自己：「為什麼不能是一棟別墅呢？萬一將來小孩被同學比下去怎麼辦？」

當她擁有一個還不錯的職場地位且收入可觀時，她問自己：「那些穿著飄逸長裙在窗邊作畫的女生多棒啊，為什麼我沒有藝術細胞呢？」

當她真的用下班時間報名才藝班學了畫畫，她又對我說：「其實畫畫也沒什麼了不起的，要是能做設計師，有自己原創品牌的服裝才厲害，可是我大概這輩子都沒機會了。」

我說：「如果真的想做，現在開始學，說不定真的能實現目標。」

小菱回答：「可是我還有手頭的工作要做，哪有那麼多時間啊？」說完，她癱坐在諮商室的沙發裡，兩眼放空，彷彿未來是一片渺茫。隨後，她又輕輕地吐出一句：「我怎麼什麼都做不好？」

我明白了小菱的自卑，那是一種能力永遠追不上欲望的自我挫敗感。我原來一直都認為擁有欲望是好事，但擁有無限的欲望，並且每一個欲望都是自己難以企及的目標時，人難免就會自卑。

02／

自卑通常分為兩種：一種是橫向和別人比較，發現自己事事落於人後，所以覺得自卑。還有一種是縱向對自己設了一個又一個高不可及的目標，因為始終做不到，所以自卑。

小菱的自卑顯然屬於後者。她擁有很多，家庭、事業雙豐收，但是她想要更多，例如做個不用上班而是可以泡在藝術館裡的畫家，或者做一個擁有自己原創設計品牌的服裝設計師。即使她真的成為一名出色的設計師，她依然會自卑，因為還有更多無法達成的目標和願望在前面等著她。

有目標當然是好事，但是目標本身有合理與否的區分。合理的目標常常在自己努力可及的地方，有這樣一個目標存在，人會更有動力。而不合理的目標常常在理想中，這樣的目標只會不停地挫敗自己，讓你連開始的勇氣都沒有。

評判目標是否合理，除了和自身的能力有關，還和願意付出多少努力有關。如果你想要頂級的成就，必然要付出超乎常人的努力，不是認真，不是盡力，而是全力以赴。就像小菱，不滿現狀，想擁有屬於自己的設計師品牌，又捨不得收入還不錯的工作。若不能付出一切，卻只想要那個最好的結果，留下的必然是挫敗和自卑。

03／

我想起另一位個案，他也同樣自卑。問起他自卑的緣由，他說自己想要創辦一家中國最好的企業。我被他的夢想驚訝到，一時之間不知道該說些什麼。我問他為這個夢想做了什麼準備，他說自己從小看了很多中國企業家的傳記，覺得每個人都有自己的局限，而他可以克服這所有的局限。我接著追問他除了看企業家的自傳，還做過些什麼。這一次，輪到他不知道怎麼說，轉而抱怨自己的父母沒有錢，自己沒有從天而降的投資。

他認為自己的家庭如果是有錢的，那麼他就不需要為第一桶金發愁，他就可以成為中國最優秀的企業家。因為這個夢想的存在，他覺得每天的工作枯燥又乏味，配不上他的野心，更配不上自己想要做中國第一企業家的夢想。

我感慨，如果一個人從一生下來，就把人生目標定為「想要摘下天上的星星」，那麼他大概一輩子都是自卑的。相反，那些不給自己設定目標，一步一步努力的人，反而能夠一點點累積自己的自信，從而走上想要的成功。

最後，我想聊聊走出自卑的方式。

像小菱這樣，永遠不滿足，常常給自己設立新目標的人，並非少數。可並不是每個人都會自卑，因為他們懂得在設立目標的同時分解目標。把一個看起來難以達成的目標，分解成一個個小目標，然後規畫出合適的時間，逐步實現它。

還有另外一種人，他們懂得管理自己的欲望，不會對自己設定不切實際的目標，更不會在不切實際的目標上花費太多心力，安於當下。所以，活得自在且知足。

這兩種人都不太容易自卑。這樣看來，擺脫自卑，其實很重要的方式就是調整自己與欲望相處的方式。要麼付出與欲望匹配的努力，要麼去管理個人對目標的預期。二者選其一，就不那麼容易自卑了。

19

Keep in mind

合理的目標，落在自己努力就能實現的區域，有這樣一個目標存在，人會更有動力。而不合理的目標常常存在理想中，這樣的目標只會不停挫敗你自己，讓你連開始的勇氣都沒有。

大多數的焦慮，來自「更好」兩個字

我們不僅要求自己變得更好，也要求別人做到更好。可是，我們真的知道自己的方向嗎？

01／

我們都渴望讓自己變得更好，賺更多的錢，住的房子更大，去很多地方旅行，有更多的自由時間，這些都無可厚非。只不過在很多時候，「更好」兩個字也給我們帶來了疲倦和焦慮，甚至是自我懷疑。因為變得更好是沒有終點的，以此為目標，意味著不停地向前奔，每一次的成功都只能代表下一次的起點，這會讓整個過程變得很辛苦，甚至是痛苦。

有段時間我曾經陷入了寫作的焦慮，文章停止更新了很久。常常是落筆又刪掉，折騰很久都寫不出一篇自覺可以發出去的文章，不是沒話可說，也不是找不到主題可寫，只是想到要麼是寫過類似的文章，要麼是找不到一個新的視角，或者是覺得構思始終不夠完美。總之，當時就是希望每篇文章的呈現都可以比之前更好，我都不知道什麼時候給了自己這種要求。最後，我在一個月的時間裡只寫了一篇文章，看到有讀者不斷催促我更新文章，自己又遲遲寫不出來，心裡真的是又急又煩躁。

朋友見我很久沒有更新文章，問候了我一下，於是我便說了原因和自己的焦慮。朋友很灑脫，跟我說了一句話：「你又不是生產線上的工人，哪能篇篇都保質保量，別跟自己較勁。」之後又加了一句，「別忘了你當初為什麼寫文章。」

沒想到這看似隨意的兩行字，卻解了我當時的困惑。當初決定寫文章，又選擇自媒體，單純是不喜歡束縛，希望可以自由地表達內心所想，不曾想，寫著寫著，竟然跳進了自己挖的坑。

寫作本身不過是生活的記錄與內心的表達，如果還能給讀到的人一點啟發，更是幸事，不必刻意地用好壞區分。很多時候，我們因為追求更好，甚至覺得不這麼做的人就是不努力和不上進，不知不覺這種想法早已悄悄在我們的腦海裡紮根。

02／

對於更好的追求，有時候不僅是一種要求，更是一種執念。我們不僅要求自己更好，也要求別人做到更好。就像老師會對學生說：「上一次考了第一名，下次要繼續保持。」或者老闆對員工說：「上個季度業績不錯，下個季度要更上一層樓。」

這些要求當然不是錯的，只是很多人在追求更好的過程中會讓自己變得越來越焦慮。這個世界原本就在以肉眼可見的速度越來越緊密地聯繫著，這種聯繫的好處在於我們對世界的了解越來越多，而壞處在於我們想要變得更好的標準越來越高。

這樣的事情在生活中是很常見的。比如，你的小日子過得挺舒適的，但是看了看別人的生活，你發現原來的同學已經住上了豪宅，前同事的薪水已經是自己的好幾倍，朋友的孩子已經會背上千個單字，諸如此類的例子。在這種對比之下，你的心態馬上就發生了變化。

有個媽媽曾經跟我說，她的孩子學習成績很好，但只要孩子偶爾一次考得沒有那麼好，她就會感到恐慌，她知道自己不應該這樣，可就是控制不住。大概是在同一個維度的世界裡，參與競爭的人越來越多，所以，「內卷」這個詞才會讓大家有那麼強的共鳴。我們都在各種標準之下「卷著」，明知道哪裡不對，但就是沒有跳出來的勇氣。

我們一邊強迫自己變得更好，一邊也會忍不住地想：「好累啊，什麼時候可以停下來歇一歇呢？」其實你可以不用那麼拼，只是單純地活在當下的這一刻就好。

03／

我很喜歡一部電影《海上鋼琴師》（*The Legend of 1900*），每一次看，內心都會激起不小的波瀾。影片的主人公「一九〇〇」是一個被遺棄在郵輪上的孩子，負責在郵輪上添加煤炭的工人丹尼·博多曼（Danny Boodman）將他救起並獨自撫養。從此，一九〇〇在海上度過了一生。在陸地上，一九〇〇是個從未存在過的人，沒有親人、沒有戶籍，也沒有國籍，大海便是他的搖籃。好在他有天賦為伴，無師自通地學會了彈鋼琴，技藝之精湛讓很多人嘆服。儘管好友馬克斯（Max Tooney）無數次鼓勵他走下船，向全世界展現自己的天賦，一九〇〇卻不為所動。僅有的一次，他下定決心走下船，卻在即將走下舷梯的時刻駐足，他觀察著整個城市，來往的人、數不清的街道、熱鬧的叫賣聲……隨即，他返回郵輪，從此再未離開。

很久以後，他向馬克斯解釋自己返回的原因，說了這樣一段話：

「那天在舷梯上的感覺很好，我決心下船，意志堅定，這些都不是問題。我並不是因為看到了什麼才停下，而是因為我所看不到的。漫無邊際的城市，可以說什麼都不缺，也就是沒有盡頭。我看不到東西的盡頭，世界的盡頭。比如說鋼琴，琴鍵有始也有終，你知道琴上有八十八個鍵，一個不多，也一個不少，琴鍵是有限的，在這些琴鍵上所能創造出來的音樂是無限的。我喜歡這個，也是我願意做的，但是我站在舷梯上，擺在我面前的琴鍵有成千上萬，永遠也數不完的琴鍵，根本就沒有盡頭，這個鍵盤太大。而在這個無限大的鍵盤上，你根本就無法去演奏，這不是為凡人準備的，這是上帝的鋼琴。你看那成千上萬的街道，你怎麼知道要選擇走哪一條，你要怎麼去選擇一個女人、一棟房子、一塊屬於自己的天地、一片窗外的風景和一種死亡的方式？我出生在船上，世界從我身邊經過，但一次只有幾千人，這裡有夢想，而又永遠不會超出船頭，你可以在有限的鋼琴上表達出無限的快樂，這才是我的生活。陸地對我來說是一艘太大的船，就像女人太漂亮、旅途太長、香水太濃，這些曲子我不知道從何彈起，我永遠都離不開這條船。」

這段話，我反復看過很多遍，既覺得震撼，也覺得羞愧。我們生在陸地，一出生便看著無數的街道、無數的人懷抱著無數的夢想，以為世界無限大，我可以任意翱翔，於是想都不想地加入了各種競爭，一路狂奔。可是，我們真的知道應該如何選擇嗎？

要走哪一條路？要和哪一個人共度人生？要去實現怎樣的人生意義？更重要的是，我們的極限在哪裡？我們自以為知道，或者一直都以為世界是沒有極限的，所以才會追求一個又一個的「更好」。可是，無限的挑戰極限除了讓自己更焦慮，有時候也很容易讓自己失去一個座標，以為生命和幸福的方向永遠在縹緲的遠方。

這段話甚至有些諷刺。一九〇〇看似漂泊，一出生就隨著郵輪在海上往返無數次，但是他的內心始終知道自己的座標在哪裡、要演奏怎樣的樂曲。而我們的座標呢？當然，我並不認為大家應該放棄對更好的追求，而是在這個過程中，我們應該明確自己的座標在哪裡，並且清楚自己的極限所在。除此之外，我們還要找到自我，花時間來認識自己，這樣就不會輕易動搖，也不會輕易迷失。

生命有無數的「更好」，但並不是所有的「更好」都適合自己。那些「過長的旅程」和「過濃的香水」只會消耗我們的精力，不會讓我們更幸福。

願每個人都能找到自己生活的座標。

20

Keep in mind

無限的挑戰極限除了讓自己更焦慮，有時候也很容易讓自己失去一個座標，以為生命和幸福的方向永遠在縹緲的遠方。投入時間認識自己，你的心就不會輕易動搖，也不會再輕易迷失。

越完美，越孤獨

「我覺得世界上沒有一個可以讓我覺得舒服順心的人，可是誰是完美的呢？事事又怎麼都能如我所願呢？就這樣，我把自己扔到了孤獨的荒島上。」

01／

小玥走進諮商室，笑靨如花，穿著一件米黃色的毛衣，整個人顯得溫暖而柔和。她對我說：「昨天下午與朋友聚會，四個人的下午茶，熟悉的場景，習慣的聚會，卻第一次覺得圓滿和舒暢，打從心裡覺得，有她們在，真的是美好和幸運。」

我知道，這簡單的滿足對她來說有多麼難得。半年前，小玥走進諮商室，帶著數不完的抱怨，是一個生活圓滿卻空洞的姑娘。圓滿是因為她擁有二十多歲的姑娘該擁有的一切，樣貌出眾，薪水優渥，擁有自己的知心好友和愛她的老公，而空洞是因為在她的眼裡，她擁有的這些都是不盡如人意的。那個時候，她被醫院診斷為重度憂鬱，不想見人，也不想做事，認為這個世界對她滿懷惡意，感到很孤獨。

她當時問我：「為什麼我在這個世界上沒有自己喜歡的事，也沒有喜歡的人？」我無法給她一個滿意的回答，只能靜靜地聽她數落先生的身高不高，賺的錢不多。聽她抱怨總有那麼一兩個同事喜歡八卦她的生活，讓她不勝其煩。聽她說朋友A仗著自己事業有成，說話尖酸刻薄，有時讓她下不了臺。朋友B事事需要找大家商量，像個沒長大的孩子。而朋友C雖然體貼周到，但一心撲在老公和孩子身上，張口閉口都是在講孩子的事，諸如此類的抱怨。

在當時的她看來，世界充斥著缺憾。她說自己有時候希望世界上只剩自己一個人，不想和任何人產生交集。那段時間，她的生活裡也的確只有自己，避開了所有人，包括她的先生和朋友。我明白，她的孤獨和憂鬱來自想躲進一個完美的匣子裡，拒絕整個世界。

她的抱怨和傾訴持續了很長一段時間。終於有一次，聽完她抱怨先生始終記不住她喜歡的玫瑰品種是藍色妖姬而不是紅玫瑰之後，我問她：「你期望的生活是什麼樣子，你期望的人又是什麼樣子？」

她說：「希望先生再帥一點，這樣我就不會在朋友面前沒面子。希望他明白我想要的是什麼，而不是在我想吃牛排的時候帶我去吃一頓火鍋。希望朋友們在我心情不好的時候，能及時出現安慰我。希望工作上沒有我討厭的愛八卦同事……」

她說了很多，在講述了對工作、生活、朋友，甚至居住環境的種種美好設想之後，突然抬頭問我：「我是不是要的有點多？」

我笑了，她也笑了。那一刻，她好像明白了什麼。很多時候，人的改變就是從這種突然的明白開始的。

02／

在這次諮商之後，她強行關閉了搜索別人缺點的「雷達」，開始關注其他人的優點和其他事情的好處，並且為自己的生活做了一個優點積分表。

先生早起做了早餐，加兩分；去朋友家學習做蛋糕，很開心，加三分；工作上的專案進展順利，老闆請部門所有人吃飯，加兩分；下班後和先生一起看了一部期待已久的電影，加三分；收到朋友在旅行途中給自己寄來的明信片，風景很美，朋友笑得很燦爛，加兩分；週末，上了第一節插花課，加一分……

小玥的生活慢慢變得可愛起來，心情也比之前好了很多。她說：「原來的我只負責扣分，扣得越多，心情越差。最重要的是，我覺得世界上沒有一個可以讓我覺得舒服順心的人，可是誰是完美的呢？事事又怎麼都能如我所願呢？就這樣，我把自己扔到了孤獨的荒島上。現在換了一種方式之後，越來越能發現別人身上的優點，尤其是先生，和他相處的時間最多，他的積分竟然已經超過一百分。像這樣常常提醒自己去看身邊人的優點，我的內心越來越滿足，不會再像原來一樣了。昨天的下午茶，我看著相處多年的朋友，大家從大學到出社會，過了這麼久，還能坐在一起毫無芥蒂地聊天，在這樣的城市裡是何其幸運？」

聽著小玥的話，再想想她這半年以來的變化，我越來越相信一句話——大多數情況下，要改變的不是這個世界，而是我們看待世界的方式。

03／

想到之前同為心理師的朋友問我：「杉，你覺得完美主義最大的苦是什麼？」我說：「心累吧。一直苦苦追求，無法停下來享受生活，也無法達到想要的完美。」

她說：「應該還有孤獨，人之所以不孤獨，是因為與人與外在世界有所聯繫，而且內心滿足，若始終不得，必然孤獨。越追求完美，就越孤獨。」

如今想起這句話，覺得甚為通透。當我們抱著完美主義的心態去看這個世界，相當於要求這個世界不能有瑕疵，也不能有殘缺。如果有，便選擇放棄，轉而尋找新的世界，或者關上心門，自怨自艾，抱怨整個世界不完美，一切都不盡如人意。如此，內心都是滿滿的缺憾和憤慨，又怎麼會不孤獨呢？

如果你也是一個完美主義者，對於這種孤獨感，一定不會陌生。

在職場裡，換過很多次工作，不是因為工資太低，便是與同事的關係不融洽，或是碰到的老闆不太友善。於是，你不停地換工作，始終沒有得到那份理想的完美工作，只能感慨找一份工作有多困難。

在愛情中，接觸了很多人，有的浪漫，有的溫柔，有的知識淵博，你卻感慨，為什麼浪漫的總是很忙，溫柔的又有些木訥，知識淵博的總是察覺不到你的情緒。當你獨自面對一個人的午後咖啡或午夜寧靜的時候，是否想過，為什麼所有的優點不能集中在一個人身上呢？

還有，你也許風趣幽默、重承諾、懂分寸、很容易交到朋友，你會為認識新朋友感到欣喜，但很快就發現，他們有的太膚淺，有的總是遲到，有的事事精通卻自大，你會在心裡一點一點對他們扣分，然後感慨自己遇不到一個合得來的朋友。

這樣一點點地回望過去，檢索生活，發現的盡是不如意之處，感嘆「所得非所願，所願又求而不得」，這種孤獨感讓你沒了方向，只剩下失望。如果你可以像後來的小玥那樣，不再只是看到別人身上的缺點，換一個角度重新看待這個世界和身邊的人，你會發現，每個人和每件事其實都有加分的地方。

當然，這種方式不會讓你發現缺憾的「雷達」瞬間停止工作，卻可以為你提供一個新的角度和思維方式。時間久了，對於外部世界和其他人的看法都會不一樣。更重要的是，你不會再像原來一樣因為不完美而感到孤獨和痛苦。

此外，如果你像原來的小玥一樣，陷入完美的迷思不可自拔，除了採用「優點積分」的方式，也可以試著這樣做。

第一，用自我對話的方式告訴自己，所有的事情必然都有不完美之處。當你預設凡事必有缺陷，便對不完美多了一份接受和寬容，在面對它時，也因為內心早有準備，不至於過度失望。

第二，看到不完美之處，嘗試尋找解決方案。

如果你是一名完美主義者，要看到別人身上的缺點和外部世界的不完美之處，實在是件非常輕鬆的事。這個時候，你可能近乎本能地想放棄，然後去另一處找到完美，但請你試著停一停，看看不完美的是什麼，是否可以找到解決方式。以工作為例，如果你和現在的同事關係很好，平臺也有很好的發展可能，只不過薪水沒有那麼高，那麼你可以根據自己的情況找一份兼職來增加你的收入，而不是衝動地選擇辭職。

第三，如果事情沒有合適的解決方式，則尋找代替方案。

說一個大家很常見的情況。如果你的男朋友體貼、浪漫，但就是不喜歡逛街，你大可以自己找朋友一起逛。強迫男朋友和你逛街，或是乾脆找一個喜歡逛街的男朋友，這都不是一個好的方式。把一份完美的期待全部寄託在一個人或是一件事上是危險的，試著將其分散開來，很多事情便會迎刃而解。

從身邊的小事入手，為困擾自己的「缺憾」找到解決方案，慢慢地就不會守著完美的執念而感到孤獨。完美不是一個貶義詞，它讓你對世界多了一份期許，讓你探尋這個精彩的世界，但凡事有度，完美也不可能有終點。

不要因為一味追求完美，忽略了已經握在手中的美好。

21

Keep in mind

大多數情況下，要改變的不是這個世界，而是我們看待世界的方式。換一個角度重新看待這個世界和身邊的人，你會發現，每個人和每件事其實都有加分的地方。

追求完美，是對生命的傲慢

強迫自己做到完美，以為這樣就可以滿足所有人。也以為拼盡全力，就可以完美。然而，完美是不可到達的彼岸。

01／

以前，總說自己太容易受環境影響，晴天便心情明媚，雨天、陰天心情似乎也蒙上了一種揮之不去的疲累。可是如今，卻越來越喜歡雨，喜歡這種滴滴答答、有節奏的寧靜。

朋友打電話過來，閒聊起來。從最近愛上的餐廳，聊到工作的狀態。在如今，微信上幾個字、幾條語音訊息幾乎成為所有交流方式的時代，還有朋友，即使遠隔兩地，願意花時間、不緊不慢地與你煲一次電話粥，是一件幸事。

朋友說：「最近的工作狀態越來越放鬆，不再一味地追求好，允許稍微差一點的存在，本以為這是一種妥協退讓，卻發現這樣的狀態，工作效率更高，團隊合作也更愉快。」

聽朋友這樣說，我心裡備感驚喜。那個曾經考第二名都會哭鼻子的女孩，那個每日上班，衣服、鞋子、包包，甚至髮飾都要搭配得一絲不苟的女孩，那個會寫出七種不同版本企畫書給老闆的女孩，如今，終於學會了放鬆與妥協。

我問她：「是什麼原因讓你的心境轉換？」

朋友說：「極致的追求，有時適得其反，不得不反思。以前做文案企劃，追求極致，不過是犧牲一點睡眠時間多出幾個方案，精益求精是自己可以控制的事情。如今，管理整個團隊，把眼光緊緊盯在一個點上，耗神不說，也會錯過很多。比如如何讓員工在工作中得到快樂和成就感，而不是苛求一個文案是九十九分還是一百分。差一分的文案，固然有所不同，但其差異卻少之又少。相反的，這一分卻可能挫傷員工的積極性，讓她以為自己永遠做不出好東西，在往後的工作中，局限了思維，又對自己產生懷疑。這種損失，遠比那一分還大。」

我笑了，那個曾經叫囂著「不完美，不成活」的女孩，如今也學會了這般「圓滑」。朋友說：「曾經太過追求完美，一是因為緊張，總怕自己做不好，會被挑剔，所以強迫自己做到完美，以為這樣就可以滿足所有人。二是因為傲慢，如今想來，哪有什麼完美，以為拼盡全力，就可以完美，說到底是一種傲慢。比如現在，就算我可以呈現一個完美的文案，可是這其中要花費很多心力，別的事情也無法兼顧。除了文案，我還有客戶要去溝通和維護，有員工管理工作要做，上頭也有主管要去應付，必然是追求了A的完美，便損害了B的完美。這其中的得失，需要怎樣計算？再者，我們自以為的完美，主觀而狹隘，以一己之力判定世界，這又是另一個層面的傲慢。」

02／

我聽著朋友關於完美的見解，心生佩服。年少時，我們太容易輕狂，以為世界會按照自己想要的方式運轉。所以，輕易定下一個完美的標準，便馬不停蹄地追逐。一旦得不到，便怪世界不公平，辜負了自己的努力。

我們都會越來越明白，所謂完美是只可追而不可求的，更重要的是，過於執著的追尋，很可能喪失更多的東西。你在工作上追求完美，很可能因小失大，錯過時機點，結果失去了更重要的項目。你在友情中追求完美，一心希望朋友完美無瑕，做一個沒有缺陷的人，結果你失去了很多朋友，越來越孤獨。你在愛情中追求完美，很可能給另一半帶來無限壓力，對方因為疲憊而選擇離開。這些故事或多或少都在我們身上發生過。

想到有個案對我說過：「曾經生活得太過順利，有無限寵愛自己的父母，又因為學習成績很好，在學校擁有一定的話語權，就這樣度過了人生的前二十年。卻在工作後的幾年裡，被摔得很慘。於是，慢慢地明白，過去的自己是生活在父母、學校親手搭建的漂亮城堡裡，在二十歲之後，我才開始走進真實的世界。」

「相比原來的城堡，真實世界一點都不美好，但它卻讓我知道自己的局限，明白什麼可做，什麼不可以做。這種感覺一開始必然是痛的，但它讓你學會一種東西叫敬畏。敬畏世界，便不會盲目自大，會更謙虛地學習，從而讓自己更好。」

就像我的朋友，不再執著於一份文案是九十九分還是一百分，卻懂得在團隊、工作，甚至於生活中找到平衡，在折衷、權衡，甚至於犧牲中求得最好的結果。

不再執意完美，卻獲得了更好的結果，這是一種成熟。

03／

每一個完美主義者大概都懂得，追求完美是人生之苦，是一種夸父追日般的求而不得。其實，更苦的是空有一顆追求完美的心，卻沒有追得到完美的能力。這力量與目標之間的巨大懸殊，讓我們經歷著內心的無限掙扎。要擺脫這種困境，無非是要學會平視自己。以一顆謙遜之心，面對世界，也面對自己。

知道自己有所局限，也允許朋友有一些缺點、事情有一些差錯。帶著一個可以「容錯」的心，待人、待己都多幾分從容。更重要的，當我們接受了事情的不完美，才能更客觀地看待事情本身，允許新的觀點出現，甚至是完全相反的觀點。

看得越多，聽得越多，才懂得自己的渺小，才知道完美是不可到達的彼岸，但是因為我們一早接受了世界的不完美，不再會因缺憾而自怨自艾。相反，心態更平和，態度更從容，一點點地聽，一點點地學，一點點地變好。用這樣的態度與世界相處，不再傲慢以為可以事事求全，處處完美，在這個過程慢慢變成更好的自己。

已故歌手李歐納・柯恩（Leonard Cohen）說：「不夠完美又何妨？萬物皆有裂痕，那是光進來的地方。」

我第一次聽到這句話時，心中為之震撼，感慨其智慧與通透。且不說完美本身並不存在，就算真的存在，它也會是另一種缺憾。站在山巔固然有無限風景，但不再有前進的可能存在，本就是最大的不完美。所以，別再試圖把那縫隙變得完整圓滿，帶著一顆謙卑之心。允許它存在，讓光透進來。

世界並不完美，也美！

22

Keep in mind

不再執意完美，卻獲得了更好的結果，是一種成熟。

承認不完美，是完美主義者的終極解藥

完美主義者是疲憊的追逐者，他們可以取得很多成就，卻很難感到快樂，即使有，也是轉瞬即逝。

01／

諮商室裡，水小姐哭得泣不成聲：「我的同學A學識淵博、見多識廣，無論是美國大選，還是韓國的傀儡政治，她都能侃侃而談。同學B不僅漂亮，還超級貼心，最重要的是，她彈得一手好琴。同學C的英文說得比我中文還好。只有我，一無是處。」

水小姐是我的個案，因為她很愛哭，所以我叫她水小姐。幾次諮商，水小姐幾乎都在細數同學的優勢和處處不及他人的自卑，然後便是「大珠小珠落玉盤」，順便為自己下了一個結論——「我是一個無趣的人。」根據我的經驗，越是覺得自己全無優勢的人，越是同齡人中的佼佼者，只不過他們沒有達到自己設想的那麼好罷了。

「可是你成績好呀，上學期的考試，你不是考了全班第一嗎？」我試著對水小姐說。

「那有什麼用呢？」她迅速反問道。

「你人高腿長，是馬拉松健將，還有漂亮的馬甲線。」我繼續提醒她。

「那又有什麼用呢？」又一次，同樣的反問。

我意識到，水小姐是典型的完美主義者，對別人的優點耿耿於懷，卻對自己的優點視而不見。她對自己有著全方位苛刻的要求——「我要成為最優秀的，無論是哪方面」。顯然，這是不可能達到的目標，卻是每一個完美主義者內心不可遏制的聲音。

關於完美主義，心理學家大衛・柏恩斯（David D. Burns）在一九八〇年的時候給出了定義，他認為完美主義者不是指那些健康地追求優秀並在努力達到高標準的過程中體驗到快樂的人，而是指那些把個人標準定得高於自己能力，強迫自己不斷向不可能實現的目標努力，完全以工作量來衡量自己價值的那些人。也就是說，很多追求優秀的人並不屬於完美主義者的範疇。

我的個案中有很多完美主義者，他們渴望成功，害怕失敗。不允許自己做事出現瑕疵，在學習和工作上毫不放鬆，在社交能力、下班活動、興趣愛好等領域也要擁有自己的優勢地位。毫無疑問，因為這些特質，他們成了同齡人中的佼佼者，或者說在他們變得越來越優秀的路上，完美主義的特質幫了很大的忙。

完美主義通常具有以下幾個特徵：給自己設定很高的目標，對自己要求嚴苛；要求事情按自己的想像發展，否則就感到不完美；對於要做的事情在腦子裡反復演練或者在做事時反復檢查；對整潔和秩序的要求嚴格；在意別人的想法，害怕否定。同時，完美主義者也是疲憊的追逐者，他們可以取得很多成就，卻很難感到快樂，即使有，也是轉瞬即逝，在新的目標指引下，他們如夸父追日般的追求著完美。

在取得成就的同時，完美主義帶來的種種弊端也困擾著他們，比如自尊心太強，接受不了別人的批評和指責，尤其在自己在乎的領域；很難建立長久的親密關係，他們把對自己的完美主義投射到朋友、戀人身上，期待對方完美，但出於「世界上沒有完美的人」這個最基本的事實，他們在對方身上看到缺點之後，會因為失望而選擇放棄；喜歡拖延，在他們眼裡，要麼不做，要麼就做到最好，常常因為沒有把握可以做到最好而無限制地拖延下去；對挫折的忍受度差，出於對完美的期待而不願意接受挫折。

完美主義者的形成，多數與其父母的教養方式有著密不可分的關係，每個完美主義者的成長過程中通常有著難以取悅的父母。人本主義心理學家卡爾·羅傑斯（Carl Rogers）認為：不能滿足父母期望的兒童會體驗到慢性的無助感，這種無助感會導致他們對強加於自身的高標準感到無能為力。所謂有條件的自我價值感，也就是只有滿足父母的要求，達到他們要求的高標準，才可以證明自己的價值，才可以讓人喜歡，否則就意味著一無是處。

02／如何克服完美主義？

第一，學會減法的藝術，加強自我認知與覺察。

是的，讓一個完美主義者在享受成就的同時能夠擁有更愉快、更健康的生活第一步，便是清晰地認識到自己是個完美主義者。

當你因為朋友的某個缺點而想把對方移出你的好友名單時，記得提醒自己，是完美主義在作怪，對方是否有其他的優點沒有被你看到。當你沒做好某個專案而苛責自己的時候，想一下是不是對自己的要求過高，從而設定了一個不切實際的目標。當你取得期盼已久的成就，還沒來得及享受就迫不及待地追求下一個目標時，提醒自己，前方還有無數目標，並不急在一時。享受成就帶來的美好，也是對自己的犒賞。

在這樣與自己的一次次對話中，完美主義者可以更加了解自己，也會慢慢放鬆下來，把精力集中在更重要的目標上。對於完美主義者來說，這個過程並不是一蹴而就的，但是可以不斷審視自己，加深對自己的認知。

第二，增強對過程的嘉獎。

完美主義者之所以對自己有如此嚴苛的要求，大概也與社會上普遍存在的考評標準有關。我們生活在一個「時時被考評」的社會中，上學時被成績考評，工作後被業績考評。

很少有人因為過程的努力而被施加褒獎，但這並不代表我們不可以肯定自己。哪怕只是對自己說一句「你真的盡力了」，都會讓自己感覺好很多。

第三，積極承認。

承認自己能力有限、世界不完美、沒有完美的人和事，不是被動地接觸，而是相信即使有所欠缺，依然可貴。即使是最令人討厭的失敗，本身也蘊含著成功的能量。

年輕的時候，我們總會被各式各樣的困難逼迫著成長，以為自己無所不能。隨著年紀增長，隨著與這個世界的交鋒次數變多，我們慢慢開始承認，有些事情，自己就是不擅長，不必強求。

積極地承認不完美的存在，不會讓一個完美主義者變得消沉，反而會讓他們更清楚地讀懂自己，將時間與能量花在那些真正值得做和能夠做好的事情上。積極地承認一個人的不完美，不會讓你更多地看到人性的惡，而是在知道每個人都有缺點的同時，更能珍惜每一個朋友、親人的耀眼之處。

承認與接納不完美，是每一個完美主義者一生最重要的功課。

23

Keep in mind

隨著與這個世界的交鋒次數變多，我們慢慢開始承認，有些事情，自己就是不擅長，不必強求。哪怕只是對自己說一句「你真的盡力了」，都會讓自己感覺好很多。

「必須」越少，幸福感越高

大概每一個人的內心，都有這樣的「必須」，可能是在大事上的堅持，或是在某件小事上的不肯放棄。然而，人生究竟有多少「必須」是真的必須完成的呢？

01／

不知道從什麼時候開始，我發現自己有了這樣一個習慣：一本書，不管多艱澀，只要抓過來看了第一頁，就一定會看到最後。一部電影，不管多無聊，只要看了第一分鐘，也一定會撐著看完。

這樣的習慣逼著自己看過了很多無趣但有用的書，也莫名其妙地看了許多不被很多人喜歡的電影。與此同時，我也比其他人多了許多不那麼愉悅的讀書和觀影體驗。因為這樣，我會覺得如果自己可以適時地放棄，可以有更多的時間去讀自己想讀的書，看想看的電影，哪怕用這些時間去睡覺也好。

朋友說我是「強迫症」，確實是有一點，因為我發現自己這樣的堅持背後有一個認知——「凡事必須圓滿，不可半途而廢。」早已經忘了這樣的意識是父母還是老師在小時候培養出來的，但結果就是這一點漸漸內化成為習慣，不曾察覺卻一直在執行。

大概每一個人的內心，都有這樣的「必須」，可能是在大事上的堅持，或是在某件小事上的不肯放棄。比如和別人吃飯，必須是自己買單，否則覺得做不足什麼。所有的包包必須是名牌包，否則就覺得顏面掃地。結交的朋友必須是比自己厲害的人，否則就覺得是浪費自己的社交時間。朋友之間必須相親相愛，事事穩當妥貼，否則就不應該做朋友。

這樣的「必須」究竟是好是壞呢？是帶著自己追尋到某種特定的目標，成為更好的自己，還是無形中為自己加了一個「必須」的框架，讓自己不得自由？

02／

我想到有個朋友，曾經是「三十歲之前必須結婚」的忠實信奉者。於是，她在二十九歲那年瘋狂地相親，後來和一個「適合」的男人結了婚。結婚之前，她很清楚，對方比自己小，又對母親言聽計從，她的家人和朋友都勸她再考慮一下。她卻說：「我都二十九歲了，哪還有時間考慮清楚？」直到現在，我依然記得她當時焦慮的神情和非嫁不可的急迫。

難道年齡真的變成懸在頭上的一把刀，如果不嫁，真的會被通往未來的航船狠狠地拋下？再後來的故事是，朋友如願嫁人，也過了幾個月自覺可以短暫喘息的日子，「在三十歲之前嫁出去」這個心願完成，像是一塊石頭終於落了地。只不過好景不長，老公的媽寶體質越來越明顯，雖然兩個人有自己的房子，但老公還是要回去和自己的爸媽住，他覺得和父母在一起才覺得安心，甚至兩個人看電影都要帶著婆婆一起。

婆婆也借著疼愛兒子為名，對她這個媳婦百般挑剔，抱怨她不會做飯、週末還要出去玩、浪費錢買化妝品等。最糟糕的一次是，在婆婆的指責下，老公非但沒有為她解釋，還動手打了她。這一次動手，終結了兩個人的婚姻。當初那個堅信三十歲之前一定要結婚的女孩，最後在三十歲這一年離婚了。

「三十歲前結婚」成為一種「必須」是從什麼時候開始的，應該沒人知道，但是它卻實實在在地引發了太多人的焦慮，也造成了朋友這般的悲劇。

03／

可是，人生究竟有多少「必須」是真的必須完成的呢？

同樣是「必須」結婚，那些在三十歲沒有結婚，甚至一輩子都沒有走進婚姻的人，一樣可以過得轟轟烈烈、燦爛耀眼。同樣是「必須」考上一個好大學，那些沒有上過大學，學有一技之長的人，同樣享受著生活的快樂和滿足。同樣是「必須」掙錢，有人忙著擴張生意，也有一些人守著自己的小店或是潛心打磨著自己喜歡的技藝，贏得別人的尊重。

漸漸發現，那些駐足在腦海的「必須」，不過是見到的世界太小，不過是認定了一件事就不肯轉彎，不願回頭。常常聽到有人爭論，我們究竟是應該折騰著過一生還是安穩地活，人生究竟有沒有一定要完成的「必須」清單？這種爭論常常讓雙方面紅耳赤，又始終沒有結果。因為每個人對生活的理解不同，做出的選擇自然也會不同。

04／

美國著名心理學家亞伯·艾里斯（Albert Ellis）在論述他的理情行為治療法時說，人的壞情緒並非源自究竟發生了什麼事，而是決定於你如何看待這件事。而真正導致自己焦慮和憤怒的是一個很重要的認知——「必須」認知。大概是因為凡事很難有絕對，所以，一旦腦海中被刻入「必須」二字，就很容易走進認知的死胡同，讓自己情緒受擾。

這個「必須」可能是針對自己的，例如：「我必須優秀。」「只要是比賽，我就必須贏。」

這個「必須」可能是針對別人的，例如：「大家必須喜歡我。」「大家必須覺得我是善良、可愛的。」

這個「必須」也可能是針對客觀世界的，例如：「我決定週末出去玩，就必須陽光燦爛。」或者「我的生活必須沒有困境，要一路坦途。」

這些固執的「必須」，最容易將我們帶入自怨自艾和自我懷疑中，也最容易侵蝕我們一路追求的幸福。幸福幾乎是每個人生活的主題，不管是為了改善生活去賺錢，還是實現自己的夢想，終點往往都是某種幸福感的實現。可是幸福感如同影子一般，你跑，它也跑，如果你願意調整自己對幸福的理解，對幸福所施加的條件少一點，輕輕轉身之後，幸福還是會像影子一樣，但不再是你跑，它也跑，而是它就在你的身邊。

減少內心的「必須」，有兩個建議。

第一，不斷學習，擴大認知。

讀書和旅行是認識世界的重要方式，但身處網路時代的我們，認識世界的方式又何止是這兩種？盡可能地擴大自己的認知，而不只是局限於某種特定論點，保持對一切事物的懷疑和接納，自然就不會像原來那樣固執地認為事事都有「必須」。

第二，放下自己，學會傾聽。

我們總是在說喜歡表達的人太多，喜歡傾聽的人太少，傾聽不只是身體前傾、注視對方，而是在心裡放下自己固有的觀念和認知，真正去理解對方所表達的意思。每一個人對世界的理解，很多都是出於自身的經歷，自然也會有屬於個人的見解。懂得傾聽的人，可以有更多的角度來看到世界。

大多數的時候，那些打破「必須」的瞬間，都是你走向理解、包容，以及更新世界的開始。你會發現，哪有那麼多必須，不過都是自己的執念而已。

24

Keep in mind

那些駐足在腦海的「必須」，不過是見到的世界太小，不過是認定了一件事就不肯轉彎，不願回頭。你終究會發現，哪有那麼多必須，不過是自己的執念而已。

承認自己不夠好以後，整個世界都好多了

「不夠好」這幾個字很有意思，它不是「不好」，只是「不夠好」，好像再踮踮腳，就可以摸到那個「足夠好」。可是，那看似一踮腳就可以到達的距離，往往就是觸不可及的。

01／

無論刻意與否，我們每天都會花很多時間與「我不夠好」這種感覺戰鬥。例如覺得自己不夠漂亮，花時間在化妝、穿搭、保養和減肥上。覺得自己不夠有錢，哪

怕一睜開眼睛就對現在的工作厭煩不已，也會掙扎著從床上爬起來，開始一天的戰鬥。覺得自己懂得不夠多，在擁擠的地鐵上也不忘聽著線上課程，或是在手裡捧著Kindle（電子書閱讀器），不願意浪費一點時間。諸如此類的事情，在生活中還有很多。更深入地分析，我們做的很多嘗試和努力只是在回應內心「我不夠好」的聲音，想讓自己變得更好一些。

「不夠好」這三個字折磨著很多人。我記得看過一則新聞，一位二十三歲的女孩因為整容失敗而跳樓身亡。那女孩的名字叫小慧，長相甜美，是一個小有名氣的主播，有自己的粉絲，也有不錯的收入，但小慧對自己的樣貌不滿意，選擇了整容。小慧的整容手術最後失敗了，她對自己整容後的臉極度失望，把自己鎖在家裡，不再出門見人，而她的男朋友在小慧整容失敗後也與她分手了。

小慧接受不了整容失敗的現實，選擇了自殺，幸虧被人救了下來。一年之後，小慧又爬上了一棟十八層的高樓，被負責救援的消防員救了下來並耐心勸導。第二天的凌晨，小慧再次選擇自殺，這一次，小慧沒有被人救下來。一切已然發生，無法逆轉。

對小慧來說，「不夠好」這三個字，讓她付出了生命的代價。對更多人來說，

「不夠好」讓我們活在焦慮和挫敗之中。

我想起一位個案小藍，她處在一場戰戰兢兢的愛情中，不是對方不夠好，而是她始終覺得自己還沒有成為理想中的自己，怕自己不夠好，配不上對方的愛。她也怕對方眼裡所看到的都是不真實的她，一旦「原形畢露」，對方便會頭也不回地轉身離開。

其實就我自己而言，也常常會這樣，在一篇文章寫到結尾的時候會覺得好像哪裡不夠好，或者覺得這似乎不是我想要的感覺。在諮商結束，送個案離開時，有時候也會問自己是不是哪裡做得還不夠好。

「不夠好」這幾個字很有意思，它不是「不好」，只是「不夠好」，好像再踮踮腳，就可以摸到那個「足夠好」。可是，如果你也被「不夠好」折磨過，你就會懂得，那看似一踮腳就可以到達的距離，往往就是觸不可及的。

02／為什麼我們會覺得自己不夠好？

除了受原生家庭教養方式的影響，還與以下兩個原因有關。

第一，膨脹的自我。

是的，不是因為自我過於渺小，而是過度放大了自我。一個讀者曾經留言問我：「我身邊的人都很厲害，待在他們身邊，我覺得自己不夠好，很自卑，該怎麼辦？」

我回復她：「試著把自己融進這個團體，把自己也視為團體的一分子，你會發現自己與周圍的這些人是合作關係。你們的關係是良好的，與這種優秀的合作者共事，你會很開心。如果把自己和團體清楚切割，過於強調『我』和『他們』，就容易形成比較和對立的關係。有比較，就很容易產生自己不夠好的感覺。」

所以，覺得自己不夠好，不是自我意識的缺失，而是過度地放大了「我」在團體中的作用，過度地強調了「我」的重要性。

第二，太過在意。

你在意什麼，就會對什麼格外關注，而對於你關注的點，常常會變成對自己苛刻的要求。

比如，對每一餐都嚴謹看待的廚師，會對自己偶爾失敗的一餐耿耿於懷。服裝設計師會對自己負責設計的每一件衣服和飾品精益求精。重視社交禮儀的公關人員，會對自己不經意說錯的一句話懊惱許久。

想要把事情做到最好，需要我們為自己的熱愛負責，但如果這種在意過了頭，就變成對自己的苛求，反而達到反效果。

03／

不夠好，那又怎麼樣？

生活處處皆有精彩之處，一個諮商心理師對於問題的解答也不是必然來自某個心理學的研究成果。就像這種覺得自己不夠好的感覺。我真正可以跟自己和解是因為一次寫作課。講師在台上說了一句話，他說：「很多人常常糾結自己寫得好不好，所以不敢開始寫作。其實，哪有什麼好糾結的？你一定寫得不夠好啊！不然為什麼沒有得獎，沒有成為暢銷書作者呢？」

這句話，我在心裡記了好久。其實，不夠好就像寫作一樣，有什麼好糾結的呢？你本來就不夠好啊，你一定不是最漂亮的那個，你也一定不是最聰明的那個，你甚至一定不是「沒心沒肺，而且最快樂」的那個，可那又怎樣呢？

知道自己不夠好以後，反而不再糾結自己還要怎麼才能變得更好，而是只努力做到自己能做的就好。

知道自己不夠好以後，在喜歡的人面前不再小心翼翼，我一定不夠好，你也一定有自己的缺點，說不定我們在一起剛剛好。

知道自己不夠好以後，看著鏡子面前的自己長出的魚尾紋和變粗的手臂，會心一笑，跟自己說：「是不夠好呀，但也挺真實、挺可愛的。」

知道自己不夠好以後，不再擔心別人眼裡的自己是不是不夠完美，不夠優秀，我原本就知道自己不夠好啊，有什麼可擔心的。

這些聽起來很消極的表達，卻容易讓我們卸下盔甲，不再刻意武裝出足夠好的自己，而是放鬆下來，從別人的眼光中走出來，做些自己真正喜歡的事情，或者只是發呆一會兒，允許自己休息一下。

知道自己不夠好，也知道世界不夠好之後，你才會明白自己活著的每一天都是有意義的，因為只要用心一點、努力一點，明天就會比今天好一點。
我終於發現自己不夠好，但這樣，真的挺好的。

25

Keep in mind

卸下盔甲，不再刻意武裝出足夠好的自己。做些自己真正喜歡的事情，或者只是發呆一會兒，允許自己休息一下。只要用心一點、努力一點，明天就會比今天好一點。

先完成，再完美

不要因為想得到完美，就放棄了體驗和收穫美好的機會。

01／

要麼不做，要麼做到最好。

完美主義向來是一把雙面刃，用得好，可以幫你達到旁人難以實現的成就。用得不好，也可能讓你始終止步於開始之前，不知道怎樣才能做到完美，所以連開始都沒有。

最近，有位個案在諮商中說自己想要學習書法，他說自己為了要學習顏體還是柳體糾結了半年之久，筆墨紙硯都已經準備好，兩位書法大家的字帖也買回來了，三不五時就拿出來欣賞和比對，但始終都沒有寫過一個字。之後，他覺得自己哪怕用盡所有的時間也練不到兩位大家的水準，最終決定收起準備好的筆墨紙硯，放棄了學習書法的打算。

這個案可以說是「要麼不做，要麼做到最好」相當具有代表性的人。想到自己無論如何都無法成為書法大家，最後決定不再涉足書法領域。在我們的生活中，因為預感結果無法讓自己滿意而決定不開始的人，其實還有很多。例如，有些人想要寫出一份令所有人驚訝到瞠目結舌的報告，所以遲遲沒有動筆開始，到了不得不交的時候，才匆匆熬夜寫出一份報告交差了事。或是，為了寫出與眾不同的論文，查了很多資料，卻遲遲沒想到一個獨特的觀點，拖到最後沒有交論文。也有的人是，想在節日做出堪比大廚的盛宴，看了很多菜譜和相關的視頻，能做的，看不上，想做的，不是太難就是食材太貴，最後叫了一桌子的外賣食物。

類似的事情還有很多，相信大家都見過或是經歷過。其實，完美主義分為兩種，一種是行動中的完美主義，他們在行動的過程中不斷苛求自己，一次次修改和調整，達到自己想要的完美。另一種是思想上的完美主義，他們會設想一個特別美好的未來，但設想得越好，越覺得實現的難度太大，最終決定放棄。大部分的完美主義者都屬於後者。

02／

因為完美，錯過了美好。

看起來很矛盾的一句話，但是對很多完美主義者來說卻是生活的真實寫照。就像我有個朋友，她一直都想要一次完美的旅行，也曾經為此做過許多嘗試，但是每次出去總會有各種不愉快的事情發生。有時候是旅伴不太友好，一直按照自己的意思安排行程，導致她錯過了很多風景和當地的美食。有時候是航班的問題，動不動就延誤幾個小時，毀掉了旅行的好心情。還有些時候是天公不作美，好不容易去一個城市，卻日日下雨，只能躲在酒店裡發呆。總之，她每次踏上旅程，都會遇到一些事情讓旅行變得不夠完美，久而久之，她的興致大減，現在已經在「肥宅」的路上越走越遠。

其實，從來都不存在完美的旅程，遇到大大小小的意外也是在所難免。因為旅途中會出現潛在的不愉快就拒絕出門，對於那些沒來得及觀賞的風景、沒經歷過的人和事，還有沒品嘗到的美食，豈不是大大的不公平？

回過頭來，說說那位因為成不了書法家就拒絕學習書法的個案。其實，學習書法的過程，除了要把每一個字寫好，更重要的是領略書法本身的美，感受練習書法給人帶來的平和，體會充實自己的喜悅。因為成不了書法家就放棄學習，就會錯過這個過程中的很多精彩與美好。

出於上述的一些原因，我一直都不太喜歡「要麼不做，要麼做到最好」這句話，很多人信奉它，反而因為不可能做到最好，還沒開始就放棄了。

在「不做」與「做到最好」之間，實在有太多的中間地帶，不管你做了一〇%還是二〇%，抑或〇．一%，相對於什麼都不做，都會有更多的收穫。哪怕是失敗，也會有失敗的經驗，幫助你下一次獲得成功。所以，不要因為想得到完美，就放棄了體驗和收穫美好的機會。

03／

試著做個「部分完美主義者」。完美主義者想要走出「不完美、不成活」的迴圈，可以嘗試以下兩種方式。

第一，先完成，再完美。

面對一項難度高、不太敢嘗試的工作，先告訴自己，完成六〇％就好，之後，在這個基礎上一點一點地推進。比如寫一篇文章，如果開始的時候沒有頭緒，可以先騙騙自己：「沒辦法一下子寫出一篇好文章也沒關係，我先寫一個草稿試試。」

這個小小的欺騙可能會幫你大忙。如果你抱著寫一篇好文章的期待，你可能還要挑選一個時間，再選一個好天氣的上午，甚至要沏上一杯茶等等。總之，一切都要準備妥當，才配得上一篇完美的文章。如果你對自己說，我只是寫一個草稿，你幾乎可以在任何時間和地點裡開始，可能是在等車的時候在手機的備忘錄裡，想到哪寫到哪，或是在餐廳餐巾紙上寫幾句。這樣不設限的開始，反而有可能迸發更多的靈感，或者說至少可以做到完成的狀態。

第二，學會做一個「部分完美主義者」。

所謂「部分完美主義者」，是學會選擇重點，在自己在意的事情上盡量做到完美，在其他的事情上，大可以放鬆一些。舉例來說，如果你是一個設計師，對自己的作品精益求精，這不僅契合工作本身的要求，也會賦予每個設計作品不同的意義。在自己的本職工作上追求完美，甚至是對自己苛求一些都無可厚非。但是在其他的事情上，比如晚餐的選擇和週末的穿搭上，這些方面大可隨意一些。

每個人的精力和時間有限，能在自己在意的一件或幾件事情上做到完美已然不易，處處要求完美最有可能造成的結果是處處平庸。就像文章開頭所說，完美主義一直都是把雙面刃，希望你用得好這把劍。

26

Keep in mind

不管你做了一〇％還是二〇％，抑或〇．一％，相對於什麼都不做，都會有更多的收穫。哪怕是失敗，也會有失敗的經驗，幫助你下一次獲得成功。

心靈自由了，才是真的自由。治癒的過程才會真正開始。

04
情緒自由

拿什麼拯救一個無趣的人生

因為太害怕失敗，我們小心翼翼維護著自己「成功者」的粉色泡泡，抵抗其他的新鮮事情，慢慢變得無趣。因為太渴望掙脫自己的舒適圈，卻又缺乏勇氣，所以顯得無力。

01／

某個週末，和朋友小聚的時候，朋友說：「為什麼我覺得現在的生活過得無力又無趣？」

小而別致的咖啡館，人與人的距離隔得很近，還未等我開口，隔壁桌的女孩轉過頭來，快速打量了一下我的朋友，遲疑了幾秒鐘，把頭轉了回去，沒有說話，但眼神裡盡是疑惑。

我和朋友心知肚明。那位女孩大概心想：「你這麼漂亮，穿著打扮看似簡單，但明顯是上好的材質和昂貴的品牌，ＢＭＷ名車鑰匙隨意放在桌子上，若不是工作好、前途佳，就是有收入優渥的老公寵愛有加。一句『無力又無趣』，真是矯情。」

我與朋友相視一笑，對她說：「講一個故事給你聽。」

故事的主人公，我們暫且稱她小妹。小妹是一個漂亮的女孩，從小就長得像個美麗的洋娃娃，是家中的獨生女。父母在四十多歲才有了她，對女兒的出生感到異常歡喜。從小到大，只要是小妹要求的，父母必定盡力滿足。童話書、洋娃娃、漂亮衣服，應有盡有。小妹不僅是父母眼裡完美無缺的寶貝，也是街坊鄰居人見人愛的小公主。

後來，附近搬來了一家人，他們家有一個女兒，名字叫琳琳。琳琳和小妹同歲，她沒有小妹天生的漂亮模樣，卻生性活潑，多才多藝，經常在院子裡給叔叔阿姨、爺爺奶奶唱歌、跳舞，或者是背個兒歌，讓大家歡喜不已，琳琳也賺足了大家的誇獎，經常收到大人們給她一大堆糖果。

小妹又羨慕又懊惱，雖然大家還是誇她漂亮，但顯然更喜歡琳琳。更重要的是，某天她聽到母親對父親說：「剛搬過來的小妹妹，嘴甜、人活潑，真討人喜歡。」在小妹的小小世界裡，琳琳像個侵入者，分走了大家對她的寵愛，她開始纏著媽媽教她唱歌、跳舞。終於有一次，她鼓足勇氣在院子裡，給聊天的阿姨們唱了一首歌。

其中一個阿姨說：「我們小妹也會唱歌了，真好！」小妹很開心。「不過，好像還是琳琳唱得更好聽些。」另一個心直口快的阿姨接著說。小妹當場就哭了。

從此，小妹開始討厭琳琳，只要琳琳喜歡的，她都不喜歡。

02／

不久，兩個小女孩上學了。琳琳依舊活躍、惹人愛，和小夥伴們玩得很開心，而小妹更像一個傲嬌的公主，美則美矣，總覺得缺了幾分生氣，給人難以靠近的感覺。只有小姝自己知道，她不是不想與同學親近，只是內心認為其他小朋友都會覺得琳琳比自己更有趣。小姝不想被比較，更重要的是，她不想輸，所以選擇遠離其他的小朋友。

小姝和琳琳雖然住在同一個院子裡，上學、下課都走同一條路，但她們從來都不會一起走。因為拒絕了與小夥伴的玩耍嬉鬧，小姝有了很多自己的時間，她喜歡讀書，也喜歡聽老師講課，所以學習成績很好，慢慢地，老師們越來越喜歡她，而琳琳的成績則沒有那麼好，她也不太在意，每天玩玩鬧鬧的，很是開心。每次的考試成績，小姝總是能贏過琳琳。於是，她越來越喜歡學習，成績也越來越好。

小姝依舊不喜歡唱歌、不喜歡跳舞。是的，小姝早已慢慢忘了，自己是怕輸給琳琳，才不唱歌、不跳舞的，說是不喜歡，總是比承認做不到更容易。但是，學習成績可以給她自信，老師喜歡她，同學慢慢也圍著她轉，她彷彿重新變成被父母、鄰居寵愛的公主，只不過她越來越習慣守在這個被自己圈起來的狹小空間裡。同學約她跳橡皮筋，她拒絕了，她怕自己跳得不好，被同學說「你只會學習」。學校合唱團招人，她沒有報名，她怕落選之後，面子掛不住，更何況，她知道琳琳一定會去，而且一定比她唱得好。班上要出新的黑板畫，老師問她要不要當小組長帶頭做，她想了想，還是拒絕了，萬一同學覺得她字寫得不好，多丟人。小妹依舊是老師眼中的好學生，她小心翼翼地維護著自己「勝利者」的姿態，只是舞臺越來越少，空間越來越小。

故事還沒有講完，朋友接著我的故事說了下去：「再後來，小妹考上了好的高中，也考上了好的大學，畢業之後找到了好的工作，勤勤懇懇，任勞任怨，收入一年漲過一年。她知道，這是最讓自己引以為傲的領地，不能丟，但她的生活裡除此之外就沒有了別的色彩。」

說罷，朋友對我說：「杉，我好像小妹。」

我說：「是的，但我們每個人身上或多或少都有小妹的影子。」

因為太害怕失敗，我們都會小心翼翼地維護著自己「成功者」的粉色泡泡，抵抗其他的新鮮事情，慢慢變得無趣。因為太渴望掙脫自己的舒適圈，卻又缺乏勇氣，所以顯得無力。

03／

我們身邊可能都會有一個或許多個像琳琳一樣的人，或許是鄰居家的孩子，或許是班級裡無法超越的同學。某一刻，在連自己都不知道的角落，他們可能就挫敗了另外一個人或一顆心。這種挫敗，發生越早，傷害越大。同時，每個人對挫敗的理解和應對方式也不同。

哲學家塞內卡（Seneca）說：「如何解釋現實世界的意義，要看我們內在的詮釋風格和方式。」對於小姝而言，為了避免不可接受的失敗而寧願選擇逃避，這便是她根深蒂固的信念。同時，她把自己保護得太好，安穩而舒適地待在自己熟悉的領域裡，成績斐然，卻難免無趣。

阿德勒說：「每個人對自己或人生的解釋都有一個觀念，也就是一個生活模式，這會將他牢牢套住，雖然他並不了解這個觀念，也無法分析這個觀點是好是壞，但這樣的觀念會影響他的一生。」

這個觀念往往在童年時期就已經形成，在一個人初次與這個世界發生碰撞的時候。比如，被父母溺愛的孩子，他會覺得自己是世界的中心，其他人都應該聽從自己的意見。而被忽略的孩子，他經常會覺得自己做錯事，不值得被人愛，不值得獲得別人的喜歡。就像面對失敗，有的人認為失敗是生命的一部分，再正常不過。有的人則認為失敗意味著不可饒恕，人永遠不能失敗。

對世界不同的詮釋形成了不同的生活模式。那些認為生命重在經歷與探索的人，敢闖敢試，活得精彩，而那些認為生命重在結果的人，往往會活得小心翼翼，凡事沒有十足把握，絕不開始。這種比較、掂量、躍躍欲試，最終選擇後退的人，一不小心就錯過了很多精彩，生活越來越無趣和無力。

如果你現在的生活也陷入一成不變的迴圈裡，試著回頭檢視一下，是什麼問題讓你走到了這裡。試著一點點地突破，轉個彎，讓生活換個方向，之後會變得有趣得多。

27

Keep in mind

我們對世界不同的詮釋形成了不同的生活模式。那些認為生命重在經歷與探索的人，敢闖敢試，活得精彩。所以試著一點點地突破，轉個彎，讓生活換個方向吧。

你常常孤獨，卻從未獨處

有的人在孤獨和寂寞裡可以蓋出一座花園，有的人則為此喪膽，落荒而逃。你是哪一種呢？

01／

我們先來思考一個問題，如果給你一個假期，不多，就一週。在這段時間裡，你可以去任何想去的地方，做任何想做的事情，條件只有一個——只能獨立完成，不能呼朋引伴。你的心情會是如何呢？

是興奮難耐，迫不及待想為自己安排好這一週的行程？還是對一個人的假期感到焦慮，不知道要如何挨過去？這兩種情況大概可以體現一個人對於孤獨的態度，有的人在孤獨和寂寞裡可以蓋出一座花園，有的人則為此喪膽，落荒而逃。你是哪一種呢？

記得作家周國平先生曾經說過人在寂寞時有幾種狀態，第一種是惶惶不安、茫無頭緒、百事無心，一心只想逃出寂寞。第二種是漸漸習慣於寂寞和孤獨，安心下來，建立起生活的條理。第三種是寂寞本身成為一片詩意的土壤，一種創造的契機，誘發出關於存在、生命、自我的深邃思考和體驗。這三種境界，你想成為哪一種呢？

孤獨似乎是當下的時代病之一，所有人的生活越來越忙碌，科技發展得也越來越迅速，只要一支手機，足不出戶就可以完成生活所需，孤獨反而成了不可避免的事情。

常常會聽到一些抱怨孤獨的聲音，比如，下班之後，一個人回到家裡，屋子裡空空蕩蕩的。週末的時候，室友都出去玩了，只剩下自己一個人。過生日的時候，只有自己一個人，一個蛋糕，一杯酒……

這些都是我們常常談到的孤獨瞬間，但是孤獨和獨處又不一樣，而且很多人其實都沒有真正地獨處過。那真正的獨處是什麼樣的呢？

我試著為它下一個定義：「真正的獨處並不限於你是一個人還是身處人群中，但是你的思想和精神應該是獨立而豐滿的，內心可以讓你安然地探索世界，而不需要從外界尋找某種救贖。真正的獨處是平靜的，是整個世界只有自己，可以任由思想飛揚，可以享受與世界融為一體的快感。」

大多數的人害怕孤獨，一旦世界只剩下了自己，便覺得驚慌失措，坐立不安，彷彿被這個世界拋棄。所以，害怕孤獨的人，遇到那些屋內唯有自己的時刻，他會開著電視，任由連續劇來填補空蕩，或者在手機裡的社交軟體裡，隨便找一個人，然後把對方拉入自己的世界。無論如何，只要不是一個人就好。

我想到一個朋友曾經說過，每天下班，老公還沒有到家的那幾個小時，是她一天中最難熬的時間，剩下自己一個人面對整個屋子，無論做什麼，都覺得沒有那麼安心和舒適。我們有多少人如這般，幾乎不能面對片刻的獨處。

曾經有位個案，常常要求我在諮商中務必多提問，因為一旦出現我和他同時都不說話的時刻，他會驚慌到出汗，甚至連手都不知道要放在哪裡。那幾分鐘的沉默，對他來說幾乎是一種折磨。

我曾問他：「這段時間裡空白對你意味著什麼？」

他說：「有一種溺水的感覺，喘不上氣，想拼命掙扎著上岸。」

不知道，你是否也有過這樣的感受？

02／

不是所有人都害怕孤獨，有的人甚至會主動選擇孤獨。

魯豫採訪楊麗萍時，問她：「活成神話的人，會不會很孤獨？」

楊麗萍答道：「一個人在最安靜的地方，你感覺水也是你的伴侶，雲也是你的頭髮，這不孤獨，一點都不孤獨。」她在自己的「月亮宮」裡，有美景與靜謐陪伴，美得豐盈。

為什麼有的人在孤獨中可以泰然處之，而有的人卻會立馬慌神？因為面對孤獨其實是一種能力。這種能力的獲取過程甚至有些奢侈，並非人人皆可具備。

英國心理學家唐諾．溫尼考特（Donald W. Winnicott）曾經寫過一篇文章，探討獨處的能力。他認為一個人是否具有獨處的能力，是建立在一種體驗上——孩子在母親在場的情況下的體驗。每一個孩子在生命早期，尤其是五歲之前，都離不開對於母親或者照顧者的依戀，這個時候，如果孩子的內心感到安全，不擔心母親隨時離開自己，他就會在母親的陪伴下開始探索這個世界，例如，摸一摸屋子裡的椅子或杯子，擺弄一下手中的玩具，或者參與其他小孩子的遊戲。

孩子完成這一切並不需要母親的參與，但是他知道，如果需要，母親就在身邊，他可以毫無顧忌地玩耍。這種經驗會帶給孩子兩個非常寶貴的禮物，一個是安全感，另一個是關於「我」的自我意識。

當孩子慢慢長大，他不再需要母親在身邊，但是在他的內心，已經內化了一個良好的客體，他會覺得安全。也就是說，一些善於獨處的人，他們內心覺得安全，很大程度上取決於他們的內心住著一個讓自己安全的客體。另外，因為在母親的陪伴下，孩子是放鬆的，他可以充分地體會什麼是「自我」，我想要什麼，我喜歡什麼，我觸摸身體是什麼樣的感覺，這些都幫孩子確認了一個基本的問題——「我是誰。」所以，獨處時的他不會覺得慌張。

溫尼考特解釋：「獨處能力建立的基礎是個悖論，也就是說，它是有其他人在場時，一個人獨處狀態的一種體驗。」所以，我們其實又說回一個老問題，獨處的能力其實來自在原生家庭中是否獲得安全的依戀關係。因為無法回溯，更沒有辦法重新選擇，所以我說獨處的能力其實是一件奢侈品。

一個沒有獲得安全依戀的人會怎樣呢？他會形成一個假性自體，所謂假性自體，就是包裹自我的外殼，柔軟而且可以隨意切換。這個外殼可以敏感地察覺外界的一切需求，並且適時地切入、補充或滿足，變成任何外界想要的樣子，只不過他很少或不敢去看自己內心真正的需求。他會把外界的需求當成自己的需求，把外界的期許當成自我的目標，把讓他人開心當作自己生活的準則。他可溫和，可體貼，可優秀，但哪一個都不是自己。

03／

如果你不會獨處，應該怎麼辦呢？

把某種能力歸結於原生家庭和早期的成長環境，總不免讓人絕望。如果不曾被人好好照顧過，如果當初沒有與母親或其他人建立起某種安全的依戀關係，我們該怎麼辦？

我想到了四個字——被動陪伴。

所謂的被動陪伴，就像是你在看電視，妻子在做飯，你們彼此無言，但都知道對方就在那裡。你在廣場上散步，你不認識身邊的任何一個人，但是你仍然可以獲得安全感。你在圖書館學習，周圍的人不需要與你交談，但是因為這些人在，你會感到安心。甚至陪伴你的不必是某一個人或某種群體，一首歌、一夜星辰、一片森林也可以，只要你身處其中，獲得安寧和舒適就好。

這種被動陪伴能讓成年的你重塑一個有陪伴、可以感到安全的環境，然後開始探索自己。這樣持續一段時間之後，你或許不再需要一個特定的環境，因為你在這樣的安全中已經慢慢找到了自己。

一個知道自己是誰、身處何地的人是不容易孤獨的。無論你現在是否擁有關係親密的人，你都需要一片這樣的小天地，你可以在那裡重新整理思緒，放下所有的社會角色，以喜歡的姿態和自己待在一起。

一。

獨處的能力，對每一個人來說都彌足珍貴，因為這是你尋找自己的重要方式之

28

Keep in mind

真正的獨處是平靜的，是整個世界只有自己，可以任由思想飛揚，可以享受與世界融為一體的快感。

與憤怒和解，才能擁抱自由

心理上的不自由比行動的受限讓人更加難受。此時的你必然不自由，因為你已完全被憤怒所控制。

01／

自由一直都是一個充滿吸引力的詞語，它意味著沒有約束，可以讓人去想去的地方、見想見的人、做想做的事情，但是在更多時候，我們所體驗的狀態都是不自由的。

因為沒有財務自由，所以必須朝九晚五擠著大眾運輸上班，聽從老闆的安排，做著並不喜歡的事，自由成了一種縹緲的想像。因為父母的限制，只能待在發展不發達的城市，做著不喜歡的工作，自由是夢中憶起的詞。因為孩子尚幼，教育基金、生活基金尚沒有準備充足，用雙腳丈量世界的自由也是一種連自己都懷疑的奢望。

上面關於不自由的理由都成立，但是在更多時候，不自由並非來自金錢的不充裕和家庭的羈絆，而僅僅來自我們的內心。

記得我曾經和兩位朋友一起出遊，其中一個朋友，一路上就如同憤怒的氣球，隨時準備爆開，喋喋不休地講述自己的老闆有多小氣和不可靠，明明是合乎規定的年假，收到申請的時候還百般不樂意。對我和另一個朋友不符合她規則的行為也表示不滿，像是在某個景點待得太久、拍照花了太多時間，或是吃飯的時候沒有完全按照她的心意來點菜。

因為在路邊攤位買的手鍊比隔壁攤位貴了五塊錢，她也會罵上大半天，覺得旅遊景點太坑人。另一個朋友說：「出來旅遊就是圖個高興，也不差五塊錢，何必這麼較真呢？」

沒想到這句話激起了她的另一層憤怒：「就是你們這些人，什麼都忍，什麼都不計較，才讓觀光旅遊區的風氣越來越差。」

那一次的旅行，因為旅伴的關係，大概是我記憶裡感受最差的一次，好像每一處的美景和每一餐的美食，都伴隨著她的抱怨和憤怒。回程的路上，我和另一個朋友不禁感慨：「我們常常抱怨各種因素會限制一個人的自由，不管是錢也好，時間也好，可是在更多的時候，限制自由的就是自己。就像我的這位『氣球』朋友，一說就怒，一點就炸，即便身體在路上，卻因為被憤怒占據了內心，對周圍的一切都充滿了抱怨。」

02／

生活中，不乏像我的旅伴這類人，或者在某一個生活的片段裡，我們也像她一樣，因為朋友的一句話而耿耿於懷，腦海裡預演著與對方爭吵的畫面。因為客戶反復修改的要求，即便迫於無奈，依舊照改不誤，但心中的怒氣久久難平。因為伴侶準備的生日禮物不合心意，怪他為什麼總是不懂自己，卻不知如何說起，只能自己一個人生悶氣……

很多時候，我們心理上的不自由比行動的受限讓人更加難受。因為這種揮之不去的憤怒情緒幾乎占據了每一寸空間，不管你此刻身在哪裡、與誰在一起、在做什麼，甚至你的言行、下一步的計畫或原定好的約定，都會因此而受限。這時的你必然是不自由的，因為你已完全被憤怒所控制。是的，你被自己的情緒所控制。

馬克．吐溫曾說過：「憤怒是一種酸，它對於儲存它的容器的傷害大於對任何接觸它的物體的傷害。」如果你作為那個儲存憤怒的容器，必然不會感受到快樂，你的自由也被侵蝕著。

03／

若要獲得自由，學會與憤怒相處，有效地處理與解決憤怒是必修的功課。美國憤怒管理方面的專家勞勃．亞倫（Robert Allan）說：「所有引發憤怒的原因，大部分都可以歸於兩不──不公平和不夠格。」

所謂不公平，是指自己受到了不公正的待遇，例如，我的旅伴對老闆的憤怒來自她的年假申請合理，但老闆卻不情不願。而所謂的不夠格，是指別人的行為沒有達到我們預期的要求。舉例來說，老闆對下屬憤怒，因為他的工作沒有按標準完成。你對孩子憤怒，因為孩子沒有如你想像般乖巧，或是成績沒有預想的優秀。

勞勃．亞倫由此創立了自己的「憤怒管理方程式」。

第一步，辨識誘餌。你的憤怒來源，我們稱之為使你憤怒的誘餌，如上所說，都可以概括為不公平或不夠格。花一段時間，比如一週，記錄下所有使你憤怒的事情，分析它們的原因，究竟是不公平還是不夠格？

第二步，認清需求。每一次的憤怒，表面上看是因為不公平或者不夠格，深層次的原因是某種需求沒有被滿足。而最常見的需求通常分為兩種，一種是尊重和被理解，另一種是物理或心理的領地被侵犯。當你被憤怒衝昏頭腦，也許可以停下來問問自己，生氣是不是因為別人沒有給自己應有的尊重，或是這兩種需求中的哪一種被侵犯了。還有一種可能是，二者同時受到了挑戰。

第三步，滿足需求。

當我們搞清了憤怒背後的真正需求，就不會輕易表達憤怒，而是聚焦在如何滿足需求。

比如，你下班回家，孩子積了一天的話想和你說，作業也有問題需要你為他解答，但是你很累，只想安靜地待上一會兒。孩子渴望和你交流，不停地和你說話，你會極度容易感到憤怒，但這種憤怒背後的需求是你需要一段不被打擾的休息時間。當你意識到自己的這個需求，便可以對孩子說：「媽媽很累，需要休息一個小時，你先自己寫作業，一個小時以後，媽媽就陪你寫功課。」這樣簡單的溝通，滿足了你的需求，也避免了一場不必要的憤怒和爭執。

不是每個人都可以擁有自由隨時做想做的事情、去想去的地方。因為自由一直都與責任相關，沒有純粹、不含義務的自由，或者說物理的自由從來都不如心靈自由來得更坦蕩和徹底。

心靈自由了，才是真的自由。
與憤怒的和解，便是讓心靈獲得自由的重要一步。

29

Keep in mind

不管是錢也好，時間也好，在很多時候，限制自由的就是自己。搞清了憤怒背後的真正需求，就不會輕易表達憤怒，而是聚焦在如何滿足需求。

不再無聊，卻陷入焦慮

「我怕焦慮，可我更怕無聊啊！仔細想想自己走過的這些年，除了無聊就是焦慮，那些歲月靜好、現世安穩什麼的日子，哪裡有過幾天？」朋友如此說。

01／

我想跟大家分享兩個朋友的故事，一個關於焦慮，一個關於無聊。

朋友A是我在老家的青梅竹馬，大學畢業那年，我遠赴英國，回來之後一直都待在北京，而她則早早嫁人，建立了自己的家庭。這些年裡，每一次和她聊天，她都會勸我早點結婚，走上大家都很熟悉的那條人生軌道。可是後來和她的談話裡，她開始向我打聽北京的情況，租房的價格行情、交通是不是真的那麼壅塞、霧霾是否嚴重。幾經逼問，她終於鼓起勇氣對我說，她想來北京。

過了三十歲、已經有兩個孩子的女人突然要來北京重新開始，任誰聽到都會撼動一下。我以為又是一個因為老公出軌讓她崩潰，進而需要新生的故事，甚至做好了回老家為她一鬥到底的準備。沒想到，朋友只是淡淡吐出一句：「什麼都挺好的，就是覺得無聊了。」大學幾年，我們看過了大城市的風景，夢想在家鄉以外的土地上有自己的一片天，但是她最後選擇了愛情，也順從了父母的心意，早早成家，過起了平淡的生活。

朋友這些年的生活沒有太大波瀾，結婚、生孩子、計畫二寶，一切都不需要父母催促，早早達標，就像當年學校裡的資優生。隨著兩個孩子送進了幼稚園，她的生活得以喘息，卻開始被「無聊」二字充斥。生活是可見的光明，兩個孩子會健康長大，老公的事業會越來越好，小家庭的日子也會越來越興旺。唯獨她自己，守著看了幾十年的小城市和一份可有可無的工作，這樣的日子讓她開始感到窒息，萌生了想要離開的想法。

剛剛聽完朋友A的無聊，朋友B的電話捲著焦慮的氣息砸來。她在銷售的崗位上一做就是八年，說得誇張一點，連呼吸都是焦慮的。銷售的工作，大家都懂，完成了眼前的業績，還會有一個更高的業績目標在前面等著。市場會變，客戶會變，唯獨自己的努力不能變。每一次與朋友B見面或者打電話，聽她訴說職業的壓力與焦慮早已成為習慣。

恰巧剛剛還在聽朋友A說她的無聊，我就隨口問朋友B：「你壓力這麼大，圖什麼呢？有沒有想過回老家嫁人算了？」

「我怕焦慮，可我更怕無聊啊！仔細想想自己走過的這些年，除了無聊就是焦慮，那些歲月靜好、現世安穩什麼的日子，哪裡有過幾天？」朋友B說道。

我一瞬間被震驚到了，我一個心理師竟然沒她看得透徹。回想自己的人生，最能感到心煩意亂的時候竟然是大學考試結束後的那段時間。本以為自己有了一個悠長假期，沒過兩週，已經開始為第二天睜眼之後不知道做什麼而慌張。

大概是這種記憶太深，上大學的時候，我就參加了各種社團，除了更多地感受生活，也有心底隱隱對無聊的害怕，再往後的日子，讀書、工作、轉行，緊鑼密鼓一件接著一件，連無聊的機會都不曾留給自己。

你是否也有過這樣的經歷？整日抱怨著生活太過焦慮，卻在風景如畫的度假勝地，連一週都待不下去。恨不得趕緊回到工作中，讓焦慮來得更猛烈些，或者整日感慨生活太無聊，偶爾跨出舒適區，卻被前路的未知搞得焦慮不堪，恨不得高喊：「讓我在無聊中死去吧。」

如果你願意靜下心回顧，可能會發現這樣一個事實：不管你現在年齡多大、存款有多少、身居何位，在你已經走過的人生裡，焦慮和無聊大概占了你大部分的時光。這個結論聽著有點頹廢，卻是生活的真相。

02／

關於無聊與焦慮的交替輪換，英國心理學家安東尼．史脫爾（Anthony Storr）曾經做過一個很有趣的解釋——因為人有想像力。乍聽起來，這個說法實在有些不可思議，人類的想像力發展比任何其他生物都高級，哪怕是最聰明的類人猿，所表現出來的想像力也無法與人類相比。

想像力給人類的生活帶來了太多好處，因為想像力，我們的生活越來越便利，擁有了飛機、輪船這些縮短行程的工具、擁有了空調、熱水器這些與季節抗衡的設施等。同時，想像力也帶來了兩個副作用，一個是我們永遠都會去想未來沒有發生的事情，我們都知道焦慮在很大程度上是由於對未來的不確定所引起的。所以哪怕現狀尚可，哪怕眼下一切都是自己期待的樣子，我們還是會對未來的不確定感到焦慮。另一個就是我們永遠對現狀不滿足，哪怕出行時間相比過去已經縮短了不止三分之一，哪怕現在的房子已足夠滿足居住需求，但我們還是會尋求更快與更好的可能。從某種程度上說，因為擁有想像力，我們就有了焦慮的根源。

焦慮因想像力而起，似乎容易理解，那無聊呢？其實也是同樣的道理，只不過是階段不同。當我們感到焦慮時，常常是因為目標暫時沒有完成。無聊是目標達成後發現不過如此，不如想像裡所憧憬得更精彩，由此產生了無聊的感覺。

簡單來說，我們因為目標未達成而焦慮，因為目標達成而無聊。所以，生活才會不停地在二者之間切換。

03

說到這裡，總不免讓人有些失望，難道我們就沒有純粹的快樂和單純的知足嗎？答案當然是肯定的，但是對我們大多數人來說，這種時刻是不多的。大部分的時間裡，我們的狀態就是在無聊與焦慮之中的搖擺和切換。而你要做的是，選擇自己更喜歡也更能接受的一種。就像我的朋友B，她堅定地選擇焦慮，因為她明白，相比焦慮，她更害怕無聊。

如果生命的底色已定，我們總得做點什麼讓日子加上「我」的烙印，至少在注定的底色之上活出自己的風采。我試著尋找一些解法，暫且得出下面的結論：

如果你選擇了焦慮，請一併選擇熱愛。探索與攀登的路上總是免不了焦慮，但是熱愛會讓你心甘情願地忍受這份焦慮，並在每一次精進與成長之後，為自己感到歡喜。

如果選擇無聊，請讓自己擁有在平淡生活中感到快樂的能力。給自己的生活增添盡可能多的色彩，在每天的菜色上做一些調整，週末和家人或朋友做些不一樣的活動。哪怕每天都只是在家和公司的兩點一線中生活，已喪失了對生活的熱情，也可以一點一點做出改變，例如為自己換一個沒有剪過的髮型、買一些自己喜歡的小東西放在家裡，甚至是從換一條上班的路線開始。

如果你的生活一直在焦慮與無聊之間不停切換，我們需要學會適應這樣的頻率，找到自己在任何頻率下都可以愜意生活的節奏。如此，生活便始終是值得過的。

30

Keep in mind

如果生命的底色已定，也總得做些什麼，讓日子加上「我」的烙印，至少在注定的底色之上活出自己的風采。

我就是不喜歡壓力，怎麼了

社會的壓力硬生生把每個人都逼成了戰士，而大多數的人，不喜歡在戰鬥的路上看到逃兵。你大可不必為別人的不安買單。

01／

記得玄子有次打電話給我，接通後還沒來得及打招呼，一句「我就是換個工作而已，招誰惹誰了」就甩了過來，言語中的憤怒隔著手機都能真切感受得到。

是啊，換個工作而已，能有什麼大不了的？只不過別人換工作都是升職加薪，玄子折騰了一場，薪水比原來少了三分之二。於是，玄子的選擇招來了周圍很多人的質疑。

前老闆說她這是拿自己的職涯發展開玩笑。同事們更是不解，不經意的「還真是不差錢呢」的言語中透著酸味。朋友們倒是出於好心，讓她再三斟酌，畢竟她原公司的平臺好、發展穩定，而新公司規模很小，前途難以預測。最讓玄子覺得難過的是，遠在外地的母親也打來電話，質問她到底還要任性到什麼時候。

玄子開玩笑地對我說：「原本沒覺得自己那麼重要，換個工作，突然發現自己好像成了世界中心，吸引了身邊人所有的目光。可是，說到底是我換工作啊！」

是啊，只不過是換個工作，只不過是薪資比之前低，就要承擔別人這麼多的質疑，也是「有趣」。兩個月前，玄子下定決心要換工作，原因是前一份工作壓力實在太大，加班頻率太高，常年的高壓和失眠早已讓她疲憊不堪。只不過在公司打拼八年，好不容易得到現在的成績，實在有些捨不得。直到兩個月之前的某一天，玄子下班回家，進門看到孩子弄散在地上的玩具，本就疲憊的身體加上工作不順心，她在那個瞬間崩潰了。先是發了一頓脾氣，之後竟然當著孩子的面號啕大哭。

是的，號啕大哭。玄子心裡明白，滿地的玩具不過是壓倒自己的最後一根稻草，她真的需要做出改變了。當晚，她便和老公商量，想要換一份相對輕鬆的工作，老公原本就不想她那麼累，欣然同意。原本在小家庭達成共識的事情，卻迎來了外面的風暴，這是玄子始料未及的。

玄子無奈地對我說：「我不過想過得輕鬆一點，有時間和精力陪陪家人和孩子，究竟有什麼錯？」

我答道：「你沒錯，只不過社會的壓力硬生生把每個人都逼成了戰士，而大多數的人，不喜歡在戰鬥的路上看到逃兵。」

02／

戰或逃，都是一種選擇。每一次面對壓力和威脅，我們都會面對兩種選擇，這是大腦早已寫好的程式，就像出門選擇往左走或者往右走，只是目的地不同罷了。你可以選擇正面對決，贏得想要的勝利。也可以選擇逃避，不去經受壓力的摧殘。這其實都是一種保護，前者讓自己內心暢快，後者讓自己身體舒適，重要的是，你選擇並願意為此承擔責任。就像玄子選擇了較低的薪水和不明確的職涯前途，但是她做好了承擔一切的準備，又有什麼不可以呢？

我們身邊不缺戰士，社會也認同能夠抗壓的人，就像企業在招聘的時候，負責面試的人通常會詢問一下面試者的抗壓能力如何。於是，在生活的戰場上，我們習慣了披荊斬棘，一個人扛下所有的壓力，然後繼續向前。尤其是做銷售的朋友們，每一次的成功都變成下一次挑戰的開始，如此產生循環。

年輕人想要更好的生活，所以選擇了大城市，也選擇了工作量巨大的工作。無論是家人還是老闆給的壓力，都照單全收。太多的人、太多的現實因素讓你去拼、去扛，而我覺得，逃也是一種方式，當然不是真的逃避，而是學會轉彎，換個方向，也放過自己。生活畢竟不是真的戰場，不必拼個你死我活，也不必一定要分出誰勝誰負，「逃」永遠都是一種選擇。

大概是我們受過去的教育影響太深，讀書的時候覺得成績好就是對的，帶著這種思維慣性，工作之後，認為薪水高、升遷快就是好的。可是成年人的世界沒有那麼簡單，它不是只有考試這件事，而是像一個完整的系統，家庭、事業、親密關係、人際關係等都是這個系統的一部分。

你想要生活得很好，除了學會去拼、去爭取，更要學會平衡和取捨。就像準備大學考試時，我們為了在最短的時間內拿到最高的分數，會主動放棄對自己而言特別難的題目，這個時候的捨是為了得。只不過隨著時間推移，升學試題變成生活中更複雜的題目，而當初「逃」的智慧，我們不該忘記。

03／

並不是壓力越大，表現越好。輔導過孩子學習的家長們大概都有這樣的體驗，當孩子的作業做得不夠好，考試成績沒有達到預期時，會給孩子更大的壓力，總覺得他們就是太貪玩，沒把全部的心思用在學習上。在這樣的狀態下，孩子去喝杯水，家長都覺得是浪費時間。這樣的心思，必然會給孩子更大的壓力，但不管是對孩子還是大人，更大的壓力從來都不代表更好的表現。

壓力的「倒U型」曲線，向我們揭示了壓力與工作表現之間的關係。在一定的壓力下，工作表現會有所提升，而過大的壓力只會讓工作效率越來越低，對一個人的傷害也是具有摧毀性的。時間可以像海綿裡的水，越擠越多，但壓力卻絕不是越大越好。如果可以在心態平和、環境優雅的狀態下完成工作和生活的挑戰，請一定要這樣選擇。提高效率的同時，還有益身心健康，何樂而不為？

縱使人類在長久的進化中也發展出強大的壓力應急系統，可以說明我們具備應對壓力的能力，但壓力研究專家羅伯・薩波斯基（Robert M. Sapolsk）提醒我們，強大的壓力應急系統只對短期的危機有效，比如地震、恐怖襲擊、車禍，而我們大多數時候要面對的是貸款、人際關係、職場升遷這些長期發展的事情，甚至有些難以定義的壓力，它會導致我們失眠、身體虛弱、生病，甚至更嚴重的後果。

生活已然艱辛，又何苦再徒增難度？

04／

在一個人人都把「努力」兩個字掛在嘴邊，卯足勁要衝上高峰的時代，迎著壓力向前走並不是一件太難的事情，因為大家都這麼做。

我們生活中很多目標，只要有恆心堅持，總是會做到的。相反，選擇暫時放鬆，享受生活的人倒成了異類。就像玄子的母親勸她要拼，勸她要努力，不過是自己內心不安的投射罷了。母親以為換工作是一種任性，而她只想要平衡自己的生活。朋友擔心她換工作會毀掉事業前途，可是誰又能保證這不是人生另一種精彩呢？

生活變化得太快，沒有人能夠預測明天會發生什麼，所以，努力和拼命就是我們唯一能夠握在手中的籌碼。可是每一個人承受壓力的能力不同，於你是清風拂葉，對別人而言可能是泰山壓頂。所以，你不必為別人的不安買單。當有人帶著自己的不安，勸你回歸主流，實現人生價值時，你大可不必介意。

生活是自己的，要敢於選擇和承擔。這句話送給想要逃避壓力卻遇到重重阻礙的你。接不接受壓力都是個人的選擇，你不必照著別人的劇本演繹自己的人生，也不必指點別人的生活。

無論你在生活中怎麼選擇，祝你安心。

31

Keep in mind

你想要生活得很好，除了學會去拼、去爭取，更要學會平衡和取捨。逃也是一種方式，當然不是真的逃避，而是學會轉彎，換個方向，也放過自己。

懂得與人合作，是消除自卑感最重要的方式

每個團體裡都會有最差的一個人，而我們無論資質優劣，說到底都是凡人，誰都不能倖免。想明白了這一點，就自然能從「我為什麼最差勁」的封閉思考迴路中跳脫出來。

01／

個案阿鬱走進諮商室，剛剛坐下來，便急不可待地與我述說著部門其他同事的「十八般武藝」，個個耀眼奪目。

同事A從五歲開始練習書法，寫得一手漂亮的毛筆字，公司年會時狠狠地秀了一把，驚豔了所有人。同事B留學歸來，不僅英語流利，還自學過德文，與外方客戶溝通時為公司形象增色不少，整個人散發著捨我其誰的光彩。同事C文筆犀利、邏輯清晰，每次寫出的文案清新又具創意，總能讓主管眼睛一亮。同事D雖然能力一般，偶爾還會拖部門的後腿，但對吃喝玩樂尤其精通，每次部門聚會，她總能安排得體又特別，讓大家玩得十分盡興。

阿鬱越說越起勁，對每個同事的優點如數家珍，眼神裡充滿了羨慕和嫉妒，當然還有難以掩飾的失落。

「你呢？」我忍不住問。

「我只會工作，什麼都不會。」阿鬱扶了扶眼鏡，沮喪地對我說，「所以，我特別自卑。」

「因為他們太優秀，讓你顯得特別平庸？」

「對」。阿鬱回答得很乾脆，我甚至能從這簡短的回答中感受到她每天與這樣的同事相處時內心的壓抑與挫敗。

「你喜歡你們的部門嗎？」

「喜歡，也不喜歡。」阿鬱回答得很小聲，「喜歡是因為它夠優秀，不僅業績好，而且每個人都非常有活力。不喜歡是因為和他們在一起，幾乎時時刻刻都在提醒我，自己究竟有多差勁。」

「你好像在無意間把部門的同事都放在了一個與你敵對的位置上，跟A比書法、跟B比外語、跟C比寫作、跟D比誰更會吃喝玩樂。所以，你無論跟誰比，都覺得自己很弱，然後感到自卑。」

「是的，我想每項比他們都好。」阿鬱坦率地說，覺得這樣說有些不合適，馬上補了一句，「雖然我也知道不太可能。」

02／

阿鬱的自卑，我們再熟悉不過，因為內心有一份對完美自我的期許，希望自己比所有人都好，一旦願望落空，或者發現總有人比自己做得更好，她就會感到自卑。不知你是否發現，這種自卑包含著一種「我是世界的中心」的意味。

就像我問阿鬱：「為什麼你要比他們都優秀呢？」

阿鬱很疑惑地看著我說：「難道不是每個人都這樣嗎？」

是的，每個人都渴望優秀，但程度不同，視角也不同。有些人的優秀裡把「我」放在了一個至高無上的位置，而有些人的優秀裡有「我」，也有「我們」。

有時候，那些自以為自卑的人，往往是最自戀的。他們會覺得全世界的目光都是在對準自己的。比如，一起聚會，別人都會盯著自己的穿著是否得體，言談是否風趣。上臺演講，別人就會緊緊盯著自己某處忘詞的小錯誤。或者如阿鬱一般，哪怕只是在部門工作，也會以為別人評價她書法一般、寫作一般、外語一般。於是，她在不知不覺中萌生對部門同事的幾分敵意。

記得曾經有一位個案告訴我，他和同事一起進行腦力激盪時，他會緊張得手足無措，彷彿有一盞探照燈懸在頭頂，來偵測自己每一處不得體的地方。他越想越害怕，以至於兩個小時的討論，他一句話也說不出來。而事實上，除了自己，誰又會那麼死死地盯著你呢？

一個人過於看重「我」，就很容易要求自己沒有死角，也希望自己擁有百般技能在身，可以碾壓一切。這種對自我過高的要求，顯然是超出實際，不可能達到的。所以，有的人很容易產生自卑感。

不僅如此，因為「我」的過度放大，很容易把同事、朋友、合作夥伴放在一個競爭與敵對的位置上。我們很難放下身段、平心靜氣地向自己的「敵人」學習，你可能為了保護自己小小的自尊心，選擇與比你弱的朋友交往。這樣一來，你的格局會越來越小，能力提升也越來越有限。客觀上來說，這又會進一步加深一個人的自卑。

03／

我們換一個角度來說，當一個人懂得合作，把「我」放在一個團體中，把自我看成是團體的一分子，變成「我們」，情況便會大有不同。

再提另外一個案例，他剛剛考上國內著名的一所大學，曾經學霸的光環在一群同樣優秀的同學面前黯淡了下來，他異常沮喪地對我說：「我是班上最差的那個人。」

我反問他：「為什麼你不能是最差的那個人呢？」

那位個案聽我這麼一說，好像瞬間釋然了，每個團體裡都會有最差的一個人，而我們無論資質優劣，說到底都是凡人，誰都不能倖免。想明白了這一點，他便自然地從「我為什麼最差」的封閉思考迴路中跳脫出來，開始著手解決問題——「我要怎麼做，才能不當最差的那一個。」

在解決問題的過程中，他不再抱著「你們都比我強，都是我的敵人」的這種心態，而是把班上的每一個同學都當成自己的資源，虛心和每一個同學請教，他很快便不再是最差的那個，而是班上最優秀的同學之一。

我們再回頭來看阿鬱的故事。如果阿鬱不是過度地關注自己在部門裡的平庸，而是把自己看成是部門的一員，就會看到另一個世界——自己所在的部門非常優秀，同事們不僅業務水準很高且各具才華。能夠待在這樣的團體，對阿鬱來說是幸運的。

不僅如此，阿鬱很可能會發現，自己擁有非常好的學習資源，可以請同事A指點書法，請教同事B關於外語的問題，在寫作上遇到瓶頸可以找C討論，週末的時候還可以請同事D推薦好吃的小店和有趣的活動。長久地相處下來，阿鬱不僅可以收穫工作和專業上的成長，也能在其他領域有更多的收穫。轉變心態之後，把

「我」看成是「我們」中的一員，自卑感少了，各方面的進步反而多了。

在工作和學習上如此，愛情亦如是。

阿德勒說：「在愛情中，人們所關心的是一項兩個人的任務，由兩個人共同擔負的任務有它自己的特殊形式，如果只是把它當成一個人的工作，是沒有辦法成功完成的。要正確解決愛情中的問題，兩人之中的任何一個人都必須完全忘掉自己而把自己奉獻給對方，就像是必須從兩個人的生命中鑄造出另一個生命來。」

當我們以合作的姿態來面對愛情，便不會計較，究竟是誰在愛情中付出得更多或者誰比誰更優秀，因為兩個人的目標是一致的——創造一個新的、共同的個體。同樣，即使愛情在某天終結，我們也可將其視為兩個人合作的失敗，而不會過分苛責其中的任何一方。像這樣在愛情中不比較、不排位，在愛情結束時，雙方都不會責怪彼此，也不會過度自責，這樣便消除了因愛情產生的自卑。

當我們懂得，世界上不只有「我」，更有「我們」，便可以從一個更大的範疇來認識自己，不過度強調，也不妄自菲薄，順遂時心有感恩，失敗時對自己說一聲「重來」。

當我們真正意識到自己其實沒那麼重要，懂得給自己鬆綁，自卑感也自然而然地會隨之減少。

32

Keep in mind

世界上不只有「我」，更有「我們」，從一個更大的範疇來認識自己，不過度強調，也不妄自菲薄，順遂時心有感恩，失敗時對自己說一聲「重來」。自卑感自然而然隨之減少。

先解決事情再處理心情，是一種本事

人在遇到事情的時候，發脾氣是天性，但先處理事情是本事。

01／

幾天前，我聽朋友講了一件工作上的事情。前陣子，她的一個下屬在某個專案的重要環節出了錯，導致整個部門都得熬夜加班，朋友顧不上追究責任，第一時間先和同事一起想辦法彌補錯誤，想盡快把耽誤的時間補回來。正當大家忙著加班的時候，她需要找這個出錯的下屬核對一下資料，結果找不到人，問了一輪才知道，對方因為工作出錯，心情很糟糕，下班之後回家處理情緒去了。朋友聽到之後，氣得差點罵出來。因為一個人的失誤，部門所有人都在加班，他竟然回家處理情緒了。

這已經不是我第一次聽到情緒影響工作的例子。比如，自己做的方案被主管駁回了，第一時間不是努力修改方案，而是先處理情緒。找同事抱怨一番，沒什麼作用，下班之後去買個包包，逛了半天也沒有買到喜歡的款式，更鬱悶了，然後回家找老公發火，結果更加鬱悶。至此，文案沒改，包包沒買到，還跟老公吵了一架。鬱悶之後，經過一系列的處理，把鬱悶的程度提高了三倍。所以，有時候處理情緒最好的方法，不是唱KTV，不是找朋友吐苦水，而是著手處理事情本身。

想像一下，你正要去見一個很重要的客戶，開車在路上被人追撞了，對方絲毫沒有道歉的意思還出口傷人，這個時候的你需要怎麼做？是和他理論還是把心情整理好，先去見那個重要的客戶？

在我們的生活中，這樣的選擇幾乎隨處可見。情緒的自然流淌固然可貴，但有時候，不得不先集中心力處理眼下的事情，然後，回過頭來慢慢消化情緒。

人在遇到事情的時候，發脾氣是天性，但先處理事情是本事。誰不想開心就笑，不開心就哭，但是哭過、鬧過之後，事情還在那裡，不多不少，還平白給人留下一個情緒不穩定的印象，更是得不償失。

儘管心理學家亞伯．艾里斯向我們解釋，能夠引起情緒的不是事情本身，而是我們看待事情的方式，但是大多人的情緒依然直接受到事情的影響。比如，今天的工作沒有做完，不管是娛樂還是休息都顯得索然無味。因為老闆批評了幾句不甘心，怒懟上級，結果之後在公司的一個月都惶惶不安。孩子在你忙碌的時候，哭鬧著非要買冰淇淋，你沒忍住動手打了她，愧疚的情緒也要延續很久。

大多數的時候，釋放情緒不是不好，但成年人越來越懂得，任情緒隨意遊走的結果是，在釋放情緒之後，仍然有一個爛攤子需要自己收拾。所以，解決事情更重要，事情處理好之後，那些因此引發的情緒就會隨之消失或是減少。

百度公司創始人李彥宏在百度的一次開發者大會上演講，一名黑衣男子衝上台對他澆了一瓶礦泉水，場面一度非常尷尬。但是李彥宏極其淡定，他當時說：「在ＡＩ的道路上，以後還有很多意想不到的事情發生。」

這個幽默的回應換來了全場的一片掌聲，一場原本會很難堪的突發事件變成了免費的行銷推廣。不少人感慨，原來厲害的人，早已戒掉了情緒。因為那一刻的控制，變危機為機會，李彥宏原本要處理的情緒隨著大家的讚賞煙消雲散。

02／

為什麼我們遇到事情的時候總是以情緒優先？

雖然我們強調遇到事情不要以情緒優先，但這是人的本性，也因為我們大腦中原本就有兩套系統在工作。

一套是熱情緒系統。熱情緒系統主要指的是大腦邊緣系統，這套系統專門致力於對能夠喚起情緒的強烈刺激作出反應，它會自動觸發愉悅、痛苦與恐慌等情緒。熱情緒系統在我們一出生就已經配備完畢，所以，嬰兒在飢餓或者痛苦時，就會放聲大哭。熱情緒系統就如同佛洛伊德談到的本我一樣，它的反應遵循「快樂原則」，是自動的、無意識的。

另一套系統是冷認知系統。這個系統位於大腦前額葉皮層的中心位置，它是認知性的、複雜的，具有反思性，對未來的決策和控制發揮著重要作用。與天生內建的熱情緒系統相比，冷認知系統發育得非常緩慢，在孩子上小學的前幾年才開始活躍，直到二十多歲發育完全。所以，孩子通常更容易頭腦發熱、感情用事。

熱情緒系統與冷認知系統的關係如下。

第一，熱情緒系統比冷認知系統的反應快，這也是為什麼我們遇到事情總是情緒優先。

第二，熱情緒系統和冷認知系統是此消彼長的關係，一方活躍，另一方就會消沉。也就是說，雖然熱情緒系統的啟動比較快，但是當我們調動冷認知系統的時候，熱情緒系統會自然地冷卻下來，讓冷認知系統先處理事情。

03／

如何做到先處理事情，再處理情緒？

既然熱情緒系統要比冷認知系統啟動更快，遇到事情先發脾氣再處理就是一種近乎本能的反應，有沒有什麼辦法可以讓冷認知系統先發揮作用呢？

美國心理學家、棉花糖實驗的創始人沃爾特．米歇爾提過一個簡單抑制熱情緒系統的方式——想像其他人會怎麼做。當我們想像別人怎麼做的時候，因為是在替別人做熱情緒選擇，所以自己往往會用到冷認知系統。例如，當你熬夜寫成的方案被老闆批評得一無是處時，你本想衝進老闆辦公室大罵一通，或者直接跟老闆扔下一句「我不幹了」，然後留給老闆一個瀟灑的背影。但是，想像一下，如果這件事情是發生在同事的身上，他會怎麼做呢？

這個時候，你腦海中的想法可能是，先看一下老闆的建議是不是有道理，有沒有更好的方案可以改進，距離明天重新提案還有五個小時，現在著手改的話完全來得及。你看，同樣的事情，發生在自己和別人身上時，處理的方式會完全不同，透過想像別人可能會採取的作法，你可以更快地啟動冷認知系統，進入處理事情的狀態，而不是單純處理情緒。

還有一個辦法是關注自己的身體感受。有時候身體不舒服、餓了或累了的時候，熱情緒系統也會更加活躍。你一定有過這樣的經歷，因為一件小事莫名其妙地跟朋友發火，回頭一想，只不過是當時餓了或者前一天晚上沒有睡好。

美國加州大學柏克萊分校的一項研究表明，微小的溫差也會對暴力和侵略事件的發生機率產生巨大的影響。在射擊訓練的時候，如果訓練房的溫度改變，很多人的開槍次數也會隨之改變。

僅僅是簡單的溫度改變，都會影響人的情緒改變。想要冷靜一點時，把空調溫度調低幾度，可以對控制情緒發揮一定作用。除此之外，情緒激烈、熱情緒系統活躍的時候，補充一杯水，去吃一點東西，如果時間允許也可以小睡一會兒，這些都會達到讓熱情緒系統冷卻的目的。這樣，冷認知系統就可以出來工作了。

有脾氣就發，有委屈就哭，是孩子都懂得的事情。如果能懂得適當地抑制熱情緒系統，調用冷認知系統，無論對於人際關係還是工作效率，都會助益良多。

33

Keep in mind

能夠引起情緒的不是事情本身，而是我們看待事情的方式，厲害的人，早已戒掉了情緒。先把事情處理好，那些因此引發的情緒就會隨之消失或是減少了。

不焦慮體質

一個人如果看得足夠長遠，那他就會對眼前的困難和搖擺生出包容的心。有的人好像早就明白了自己想要什麼，而有的人跌跌撞撞，始終找不到自己的方向。

01／

沒有人喜歡焦慮，但是每個人都會為不同的事情感到焦慮。有很多文章在講要消除焦慮，每次看到的時候，我總會覺得有些慌張。因為焦慮不是敵人，適度的焦慮，其實一直在保護我們，想要完全消除焦慮比沒有焦慮本身更不可取。

一個人如果對自己的事業前景完全不感到焦慮，他就可以渾渾噩噩地度日。如果對信任完全沒有焦慮，就會對別人輕易地許諾，不考慮自己是否做得到，最後失去所有朋友。甚至，如果對團體出外旅行毫無焦慮，那這個人就會無視規則，影響他人。

人需要有所敬畏，亦需要有所焦慮，這樣才能接受目標的指引和規則的約束，把生活限定在可控的框架下，獲得一定程度的進步與安全感。

當然，焦慮的程度過高，肯定不是好事。如果你的生活被焦慮掌控，凡事都加上一件「惶惶不可終日」的外衣，思考和行動都會因此受限。而有一些人，他們似乎可以很輕鬆地就把焦慮控制在適當的範圍裡，活得自在、不憋屈。這種人的身上有幾個特點。

第一，具有穩定的價值觀。

很多時候，人之所以焦慮是把太多外在的聲音請進了自己的世界。如果你有自己的小世界和穩定的價值觀，不會輕易被外界所動，焦慮自然會減少。

最近看女作家寬寬寫她的大理生活，她是「逃離北上廣」（北京、上海、廣州）的人。寬寬曾經在北京最繁華地段的辦公大樓上班，踩著高跟鞋，化著精緻的妝容，度過了十年的光景。在三十歲之後，她和先生雙雙辭去了工作，帶著兩歲的女兒在大理置產，認真地安頓下來，到現在已經有了幾年的時間。寬寬是懂得滿足的人，收入比支出多一點，女兒能在自然的環境下長大，這就是她最大的期許。明確了這些，她便不貪戀城市的繁華與熱鬧，安心過起了詩和遠方的日子。

近幾年，「逃離北上廣」的主題，每年都會熱鬧一陣子，有人蠢蠢欲動地想走，有人走了又回來。這番折騰，無不是因為內心價值觀的搖擺，有時候覺得人生要享樂，有時候覺得大城市的成就與熱鬧也是必須，而寬寬是哪怕曾經身處熱鬧中也會與友人互相提醒要遵循本心的人。「不管以後平凡還是光鮮，永遠不要成為虛偽、虛榮、胸無點墨、迎合世界的人，而要成為一個靠本事立足的人。」

移居之後，她終於可以不受打擾地寫作，潛心研究東方美學。這樣的生活，是曾經期許的達成。所以，她不糾結，也鮮少焦慮。

第二，行動力極強。

我見過很多焦慮的人，長時間處在這種狀態裡，卻始終沒有行動。有位個案來到諮商室，與我討論是否要轉行做一名講師。幾個月的諮商中，我頻繁地聽他講述現在的焦慮，他焦慮自己現在的工作是否具有前途；焦慮自己一輩子都無法做喜歡的工作，老來會覺得人生留有遺憾；焦慮自己像現在這樣「苟且度日」，將來如何讓孩子追求夢想……

他對自己的生活有各式各樣的焦慮，以致於面對自己現有的工作都無法全力以赴。在之後的一次諮商中，當我很認真地問他想做哪個領域的專業培訓講師，以及為了成為一名講師做過哪些準備時，他臉上的神情從焦慮變成茫然。

沒錯，如果你一直允許自己留在焦慮中，沒有行動，焦慮就會一直伴隨著你。我這位個案在這次諮商之後開始查資料，報了培訓班，和其他有著同樣志向的人組成互助小組，互相試講授課。雖然他還沒有從現在的工作中抽身，但是在開始為理想奔波的日子裡，我看到他的焦慮在一點一點地散去，逐漸變成對目標追逐的專注。

其實，大多數的焦慮源於不可知，當你著手去觸碰和了解的時候，焦慮就會自然而然地減少。讀卡倫・荷妮（Karen Horney）的《我們內心的衝突》（*Our Inner Conflicts*），我看到這麼一句話：「我們越是勇於面對自己的衝突並且努力尋求解決方法，就越容易獲得內心的自由和更強大的力量。只有願意承受打擊時，我們才能掌握自己的命運。」對這句話，我深感認同。想要活得自在，不那麼焦慮，躲起來逃避始終都不是辦法。躬身入局，解決眼前的衝突，才是最好的解藥。

第三，目標清晰。

以我自己來說，活到三十歲之後，加上做了諮商心理師，早就放棄了「消除焦慮，擁有一個完美人生」的念頭。內心所想，是設定一個目標，然後拼力前行。在這段路上，不會一路坦途，但是會生出一種甘願。

因為甘願，辛苦是可以接受的。

因為甘願，暫時的不順利是可以忽略的。

因為甘願，周遭的聲音是可以屏除的。

我曾看過一個故事。有一個中年人，在自家門口盤了一家茶葉店，自己忙前忙後，唯獨生意久久不上門。其他人看見他閒下來的時候就在門口曬太陽，顯得一點都不著急。有人問他為什麼如此淡然，他當時回答：「我餘生就想好好經營這家小店，與茶為伴。日子還長著呢，有什麼可著急的呢？」

一個人如果看得足夠長遠，那他就會對眼前的困難和搖擺生出包容的心。有的人好像早就明白了自己想要什麼，而有的人跌跌撞撞，始終找不到自己的方向。

02／

對於選定自己的人生目標，我有兩個建議：一個是嘗試，是否喜歡與擅長，一試便知，看似成本高，但這是最快看到結果的方式。另一個是讀書，書中有更廣闊的世界，有別人的人生經驗，看的書多了，焦慮和困惑都會減少很多。

大家應該都聽過楊絳的那個故事。有個人十分崇拜楊絳，高中快畢業的時候，他寫了一封長信給楊絳，表達了自己對她的仰慕之情以及自己的一些人生困惑。楊絳回信了，淡黃色的直排紅格信紙，毛筆字。除了寒暄和一些鼓勵晚輩的句子外，楊絳的信裡其實只寫了一句話——「你的問題主要在於讀書不多而想得太多。」

視野太小，想得太多，其實也是我們現代人焦慮的根源。我們不奢望消除焦慮，但總有一些路可以選擇，總有一些方式可以借鑑，讓自己的人生不至於因為承受過多的壓力而喪失原本的從容。比如，做一個有穩定價值觀、行動力極強，以及有清晰目標的人。

34

Keep in mind

我們越是勇於面對自己的衝突並且努力尋求解決方法，就越容易獲得內心的自由和更強大的力量。只有願意承受打擊時，我們才能掌握自己的命運。

吃掉自己的壞情緒

不知道從什麼時候起，我們開始被所謂的正能量挾持，連悲傷都開始遮遮掩掩。可是，壞情緒來了，你將其生吞硬咽。你的痛，真的就好了嗎？

01／

某天傍晚，我收到好友葉子的微信訊息：「杉，我分手了，出來坐坐吧。」「好，你在哪兒，地址傳給我。」我來不及問緣由，抓起外套就出了門。坐在計程車上，我忍不住問葉子發生了什麼，卻只收到她「見面再說」幾個字。

葉子和男朋友是朋友間的模範情侶，兩人交往多年，情定高中，一起從南方小城闖到北京。男朋友在一家大型的網路公司，葉子也憑藉名校畢業的履歷在銀行有份穩定的工作。本該順理成章走進婚姻的兩個人卻選擇分手，實在讓人有些摸不著頭腦。

我們約在三里屯一間露天酒吧見面。葉子早已提前到達，妝容精緻，穿著一身淡紫色的套裝，完全看不出失戀的頹廢和落寞。

「究竟發生了什麼？」

「他喜歡上了一個北京女孩，車子房子都有，他說對方能幫助他在北京穩定下來。」葉子輕描淡寫地說。

「穩定？有車有房？這算什麼理由？我怎麼沒看出來他還有吃軟飯的體質。」

來的路上，我想了無數可能的分手理由，唯獨沒有想到她的男朋友竟然是為了在北京「站穩腳跟」，便將多年的感情扔在腦後。

「其實，我理解。算了，不說他了。我最近簽了好幾個大客戶，這月獎金應該不少。你快看，我新做的指甲，好不好看。同事說我胖了，最近得忙著減肥了。下個月有一個法語班，挺不錯的，我想學，你要不要和我一起？」

不等我繼續問下去，葉子忙轉換了話題，活像一個熱愛生活的上進青年。可是，這樣的掩飾遮不住她眼中的那抹落寞與悲傷。我坐在葉子對面，看著她的「表演」，有些難受。有一瞬間，我特別希望手頭能有一把錘子，去把葉子外面那層厚厚的、虛假的快樂外殼一點一點地鑿開，好讓悲傷任意流淌。

「你不難受嗎？」沒有接葉子的話，我有些不合時宜地追問。

「難受啊，怎麼會不難受？可誰愛聽你的難受，大家不都喜歡正能量的人嗎？我不想變成到處訴苦的怨婦，也不會有人喜歡一個愛抱怨的人。」

葉子說得沒錯，人人都喜歡正能量，誰都不喜歡一個終日抱怨的人。可是，沒有人能剝奪你悲傷的權利。她剛剛結束的是一段九年的感情，而且結束的理由那麼讓人心寒，難道不該等等那顆破碎的心，讓悲傷的時間長一點，讓心頭的傷口得以復原？

不知道從什麼時候起，我們開始被所謂的正能量挾持，連悲傷都開始遮遮掩掩。可是，壞情緒來了，你將其生吞硬咽。你的痛，真的就好了嗎？

02／

某天，我一時興起，在朋友群組發問：「當你傷心難過時，最討厭聽到的一句安慰是什麼？」

短短一個上午，收到朋友們的近百條回復，得票最高的一句話是「別傷心，沒什麼大不了的」。朋友補充：「明明那個時候，這就是大不了的，被別人這麼一說，彷彿連悲傷都是多餘的。」

還有一句，是個案告訴我的，是「你要堅強」幾個字。那人說：「那一年，母親因病去世。葬禮上，幾乎所有的人都跟我說一句『你要堅強』，剛開始沒覺得什麼，聽得多了，突然有一種打人的衝動。儘管知道是安慰，但是我特別想問對方，我還不到二十歲，你告訴我，要如何堅強？真希望有人抱抱我，對我說，孩子，想哭就痛快地哭一場吧！」

有時候，人真的很奇怪，睏了知道要睡覺，餓了知道要吃飯，唯獨對於壞情緒苛刻至極，彷彿你在裡面多停留一會兒都不可以。「別傷心。」「要振作。」「沒什麼大不了的。」這些安慰都在催促你盡快從壞情緒中逃離，彷彿我們真的擁有控制情緒的能力。可是，誰又能真正控制情緒，就連硬生生逼進去的眼淚都能把自己弄疼，不是嗎？

你吃進去的壞情緒，身體都感受得到，它會在某天以更猛烈的方式表達出來。美國心理師迪娜．吉爾伯特森（Tina Gilbertson）寫過一本關於情緒療癒的書，書名叫《親愛的，你為啥要和壞情緒躲貓貓呢》（*Constructive Wallowing*），書中提到一個概念叫做「富有建設性的沉迷」。

所謂的沉迷，意味著你允許自己去感受真正的情感，允許情感進入你的意識，允許它們以原本的面貌出現，而不是試圖改變它們。

而所謂的富有建設性，不是指你一味地沉迷而不作為，讓壞情緒將自己吞沒，而是以一種更積極的方式與壞情緒共處。

她為此提出了「TRUTH」的黃金法則：

T：說出自己所處的狀況。一切從簡，堅持從事情本身出發，說出目前所處的狀況，例如：「我感覺很糟糕，但我不知道為什麼會這樣。」「我失敗了，很傷心。」等等。不去評判，客觀地說出此刻的感受就好。

R：意識到你現在的感受。

專注於當下的感受，告訴自己內心最真實的感受，例如：「他的話讓我感到傷心，我本來不是那個意思。」如果你正處於一種困惑的狀態，你的感受就是困惑。如果你感知到某種悲傷情境，你的感受就是悲傷。

U：發現內在的自我批評。

很多時候，我們感覺糟糕是因為有一個內在的聲音在不斷批評自己。舉例來說：「我本來可以做得更好，但是大意了。」「我不應該那樣想別人，我太敏感了。」尊重自己的感受，檢索出內在批評，會讓自己輕鬆很多。

T：努力試圖去了解自己。

當你了解自己的某種情感和狀況，試著退後一步，問問自己為什麼會有這樣的想法呢？不管這個想法是好是壞，只需要給自己一個說得通的解釋就好。一旦找到了某個理由或任何其他理由，就可以理解自己的想法，然後溫柔地對自己說一些鼓勵的話了。

H：真切地感受內心情感。

如果此時的你依舊為自己的情感感到痛苦，請允許這些情感存留在你的內心。如果你願意，可以哭泣，可以罵幾句髒話讓自己舒暢，可以找人傾訴，讓內心真切地感受這些情感。

通過這樣的方式，「富有建設性的沉迷」於壞情緒，不僅不會讓人一蹶不振，反而可以讓人更快地走出來。

因為，當你不承認、不接納壞情緒時，就會耗費自己很多的能量與壞情緒做鬥爭。相反，沉迷於情緒，會節省能量，讓身體裡體驗與情感的部分真正聯繫起來，引領我們回到人生剛開始的地方，一種清清白白的狀態。這種身心完整的狀態會為我們應對未來積蓄更多的能量。

處理壞情緒，最好的方式便是如這般細嚼慢嚥，你得允許讓自己慢慢咀嚼和消化。

只有當我們屈服於自身的情感，允許這些感受流過我們的內心，治癒的過程才會開始。

35

Keep in mind

允許自己去感受真正的情感，允許情感進入你的意識，允許它們以原本的面貌出現，而不是試圖改變它們。一旦找到並理解了情緒的緣由，就溫柔地對自己說一些鼓勵的話吧。

願你，沒有在無意義的「必須」裡，疲憊了自己，模糊了方向。

05
過一個不累的人生

被壓垮的你

在生活中，很多時候我們覺得自己在負重前行，只不過是自己給生活本身加上了太多的「必須」和「不得不」，讓面對生活的自己變得疲憊不堪，也無比焦慮。

01／

我曾經做過一個小小的實驗——關閉社群軟體三十天。一直以來，陸陸續續聽到有朋友說想把微信的朋友圈給關了，原因不一。有的人嫌浪費時間，有的人覺得自拍照發多了，為了防止自戀爆棚而關，還有人覺得廣告太多，最後也關了。而我之所以關閉社群軟體是因為好奇，想看看生活中少了這部分會發生什麼。

三十天的時間很快就過去了，原本以為自己的生活會因此失掉一大塊，即使沒有失魂落魄，至少也會若有所失。結果什麼都沒有發生，甚至在關閉朋友圈的第七天，我才想起自己已經關閉了社群軟體。想到原來無意識地看社群軟體所浪費的時間，我有些心疼。經過這次小小的實驗，我發現自己沒有想像中那樣依賴社群軟體。

省下來的時間，看看書，發發呆，思考自己的時間比關心別人近況更多了。原來睡不著的時候，我總是會拿出手機不停地看，偶爾碰到同樣沒睡的朋友，也會「同病相憐」地聊幾句。現在好了，我關了社群軟體，睡不著的時候，放一點白噪音或者抓起枕邊的書，看幾頁，然後就這樣睡去。

關閉社群軟體還有助眠的作用，算是偶然的收穫。

02

幾年前，我曾經遇到這樣一件事。那個時候的我還是個上班族，在下班回家的路上，我被一個長得毫無威脅性的女孩偷走了手機。走了幾百公尺之後，我才反應過來，回去的時候，那女孩早已經不見人影，我只能沮喪地回家。

幸好手機支付在那個時候還沒有現在應用得這麼廣泛，否則當時的我可能連回家都會很困難。恰巧之後就是個小假期，很早就和姐妹們約好一起出遊，沒有時間再買一支新手機。我用朋友的手機打電話給媽媽，大致說了一下我的情況，然後「一身輕」地上路了。

沒有手機的第一天，確實讓我有些不適應，尤其是看著朋友們拿著手機拍照、發微博的時候，我只能在旁邊看著，總覺得少了什麼。但是從第一天的晚上起，我開始產生一種輕盈感，不能再低頭看手機，自然會對朋友說的每句話都更在意，也因為不能時刻拍照，就用眼睛更多地去看每一處的風景。更重要的是，除了一起出遊的朋友，其他人完全找不到我，絲毫不擔心旅途中被人打擾，為此竟然感到無限的心安。

這樣的情況持續到兩天後，我竟然開始喜歡沒有手機的生活了，很認真地盤算自己以後有沒有可能完全不用手機，或者晚一點再去買一支新手機。雖然之後還是不可避免地讓手機占據了生活中極其重要的位置，但我直到現在還會想起失去手機的三天。

03／

這兩次的經歷讓我意識到，我們生活中的很多需求並沒有想得那麼誇張。在生活中，很多時候我們覺得自己在負重前行，只不過是自己給生活本身加上了太多的「必須」和「不得不」，讓面對生活的自己變得疲憊不堪，也無比焦慮。

網上盛傳過一篇文章《月薪三萬，還是撐不起孩子的一個暑假》，文章中有個媽媽在職場上是高級主管，她算了一筆賬：女兒去美國遊學，十天的費用是兩萬元；女兒平時在家需要請阿姨照顧，五千元；每週上兩堂鋼琴課，兩百元一堂，共兩千元；游泳班兩千元；英語、奧林匹亞數學、作文這三科補習班六千元，這幾項加起來就要三萬五千元了。

記得當時，這篇文章居然引起了媽媽圈的共鳴和焦慮，但仔細一看就會發現，這位媽媽把生活的每一個附加項變成了必須項，去美國遊學、鋼琴班、游泳班等都是必須。如果按照這個邏輯，這篇文章可以繼續寫下去並無限升級，例如《月薪十萬，撐不起孩子的暑假》《月薪百萬，撐不起孩子的暑假》……

讓生活真正變得辛苦的，不是孩子的暑假，也不是月薪三萬，而是一個焦慮的母親，不知選擇地把自以為最好的東西強加給孩子，壓扁錢包，最終也會壓垮孩子。

物質生活越來越豐富，選擇越來越多，帶給我們的除了擁有選擇的喜悅，更多的是不知選擇的焦慮。就像那篇文章中的媽媽，在遊學、鋼琴、英語、奧林匹亞數學、作文中，早已選不出哪個是必須，哪個是錦上添花，所以只剩下了焦慮。除了這樣的情況，也有很多剛踏入職場不久的年輕人，手裡還沒有什麼錢，但是已經把奢侈品當成生活裡必須擁有的東西，將自己扔到了消費欲望和乾癟錢包之間的衝突中，又怎麼會不焦慮呢？

04

我看過一本書《心簡單：尋找生活意義的法則》（*Minimalism: Live a Meaningful Life*），作者是兩位三十多歲的美國年輕人，他們曾經在貧困的家庭長大，堅信幸福和快樂的關鍵就是金錢。他們認為父母之所以過得不快樂，就是因為沒有掙到很多錢，只要跨越那道可以隨心所欲花錢的門檻，就一定會快樂。後來，他們透過努力做到了，年紀輕輕成為年薪六位數的企業菁英，實實在在地享受了一把擁有金錢的快樂，買華麗的衣服、到處度假、購買價格不菲的電子產品和各種用不上的東西，但這些並沒有給他們帶來持久的快樂。

起初，他們以為是自己錯估了對金錢的期望。於是，他們給自己的目標從一開始的年薪五萬美金持續上調，六萬、七萬，到十萬美金。兩個年輕人一次次地完成了自己設定的收入目標，但並沒有獲得如期的快樂。相反，焦慮、壓力、不堪負荷，以及憂鬱接踵而至。最終，他們決定反向操作，扔掉家裡百分之九十的東西，只留下自己喜歡的和生活中實實在在用得到的東西。在丟東西的過程中，他們最終發現，人生最重要的不過是五件事——健康、人際關係、熱情、成長和奉獻。

健康自然不必說，沒有健康，一切都是空談。哪怕有一天你真的過上理想的生活，一覺醒來，發現無人分享，也是一種悲哀，所以，人際關係也很重要。不管你多麼富有，無所事事也會讓人覺得沮喪，因此，我們需要找到自己持久且擁有熱情的事情。成長和奉獻會聯手構建了一個人生活的意義——體會自己持續的成長，為他人做貢獻。

我第一次在書中讀到由兩個年輕人總結這幾件人生中最重要的事情，深感簡單而精闢，就如同他們奉行的極簡主義。我們日日縱身在生活的洪流中，以為自己必須擁有很多東西，以為自己必須獲得更多的東西，而真正能夠構建穩定、快樂生活的，不過是這簡簡單單的十二個字而已。

願你，沒有在無意義的「必須」裡，疲憊了自己，模糊了方向。

36

Keep in mind

健康、人際關係、熱情、成長和奉獻。人生中真正能夠構建穩定、快樂生活的，不過是這簡簡單單的十二個字而已。

想太多的人該吃什麼藥

對於想太多的人來說，敏感既是財富，又是魔咒。因為敏感，他們比別人更能感受這個世界的好。也因為敏感，他們異常挑剔，而且更容易感到沮喪。

01／

你會不會常常有這樣的感覺：腦子裡想法太多，一刻都停不下來，很想按個思考暫停鍵，讓自己休息一下，但怎麼都做不到。隨便看到什麼都會浮想聯翩，從一朵花想到愛情、想到生命，想到隔壁的煎餅攤。忍不住想要區分真心與虛假，但越想越分不清楚。常常覺得孤單，別人都不理解自己。情緒起伏很大，常常莫名地開心，又說不清為什麼墜入情緒的谷底。或者，常常聽到別人對自己說：

「你就是太複雜了，簡單一點多好。」

「別想太多，睡一覺就好了。」

「你就是太多愁善感了。」

「別想了，不是所有的事情都能想明白的。」

……

如果你也有這些感覺，那你可能是標準的「想太多星人」。法國心理學家克莉司德・布提可南（Christel Petitcollin）給這類人起了一個名字——大腦多向思考者。這種人會透過他們的敏感，觀察周圍的環境，讓大量又細瑣的資訊進入腦海中，使得大腦不停地運轉，而且大腦運作具有超高的效率且富含多面向的思考，容易造成當事人的心理情緒起伏動盪。

02／

造成想太多的原因有很多。

第一，原生家庭帶來的不安全感。

沒有人真的願意想太多，如果可以，一輩子簡簡單單、無憂無慮多好，但不是所有人都有這樣的運氣，他們不得不比別人想很多。例如，我有位個案提到，大概在七、八歲的時候，父母在她的面前開始經常吵架，互相指責。小小年紀的她，分不清誰對誰錯，但為了家庭氛圍的和諧，她近乎本能地當了家裡的調停官。時刻緊張地注意父母的情緒，生怕誰又不高興了，然後爆發一場家庭戰爭。因為過早需要顧及家人的態度和感受，要考慮很多，她不得不在只懂得伸手要抱抱的孩童時期，就比一般人想得多。

第二，天生敏感的感受系統。

我們每個人都是通過視覺、聽覺、觸覺、嗅覺來感知這個世界，但每個人感知到的並不相同。比如，同樣進到一間屋子，善用聽覺的人會首先判斷房子是否隔音良好。善用視覺的人會判斷房子的裝潢、擺設和採光。善用觸覺的人，更傾向於感知房間內物品的質感和地毯的舒適度。而善用味覺的人，會首先評判房子有煙味還是甜甜的薰香。

每個人善用的感知世界的方式不同，程度也各有不同，有些人的感官系統更敏感，有些人的感知系統更遲鈍。而對於多向思考者，他們的觀察度、敏感度、感知度都更高，甚至可能是一般人的好幾倍以上。因為接收的資訊過多，要處理的資訊超載，自然會容易想太多。比如，同樣是看到一個人皺眉，感官系統不敏感的人可能看到就直接忽略了，而感官系統敏感的人，可能內心早已心潮澎湃、自導自演了一場大戲，「他是不是不喜歡我，是不喜歡我的穿著，還是剛剛說了哪句話讓他不開心了。」「他是不是今天心情不好，是出門前跟老婆吵了架，還是身體不太舒服……」

一個小小的皺眉可以演繹出數十種可能，也就難怪會想得多了。

第三，想太多，可能是以右腦思考的人。

我們都知道，人的大腦分為左腦和右腦。用左腦思考的人，善於線性思維、做事講求方法和步驟，他們擅長分析，喜歡把整體的事物分割成單一個體，喜歡循序漸進地處理問題。大多數人都是以左腦為主導來思考的，大約占人群中的七○％到八五％。而剩下十五％到三○％的人，屬於右腦思考者，以右腦思考的人習慣享受活在當下的喜悅，他們傾向於憑藉感官接受資訊，相信自己的直覺和本能，思維模式會像樹枝般發散。

在這一點上，最典型的代表人物是達文西，達文西習慣把每天要做的事情記錄下來，比如一四九六年的某一天，他寫下這樣一段話：

> 今天我要做的事情有：畫一幅米蘭全城圖。去米蘭和周邊的郊區田野調查。找一個數學家解釋三角形的知識。找一個水利學家告訴我怎麼修建一條運河。去研究一下鳥的翅膀，看看牠們飛行的奧祕。

僅僅這一天的事情就包括了繪畫、旅行、數學、水利和生物學五種領域，可見他的思維有多發散、多跳躍。

03／

無論是因為先天思考方式、感官敏感程度的不同，還是後天原生家庭環境的影響，想太多的人總是不可避免有一些特質。

特質一：極為敏感

由於對於世界的敏感，他們比其他人更容易感到變化，而在別人看來微不足道的變化，在他們眼中關係著生命的變遷和歲月的改變，抑或命運的無奈。

特質二：同理心強

他們更能敏銳地捕捉到別人的情緒，不管是開心的，還是不開心的，這是好處，也是壞處。好處在於他們通常可以傾聽別人的痛苦，給予具同理心的回應。缺點在於這會讓他們自己極為疲憊，因為過多地感受到別人的情緒，所以會不自覺地按照別人可能高興的方式行事，這樣很容易失去自我。

特質三：喜歡獨處，害怕人群

因為太過敏感，常常在人群中覺得無所適從，尤其還要不自覺地照顧別人的感受。相對於和人相處，他們更願意選擇自己獨處。

特質四：追求完美，容不得瑕疵

想起張國榮曾經說過：「在別人眼裡一〇〇%的好，在我這裡只有七〇%。」對於想太多的人來說，敏感既是財富，又是魔咒。因為敏感，他們會比別人更多地感受這個世界的好。也因為敏感，他們異常挑剔，對這個世界的不好，有著比他人強上數倍的覺察。相比於很多可以得過且過的人，他們更容易感到沮喪。

我曾經接過一個案例小好，她就是這樣的人，看到星空，會想到生命的盡頭。看到鳥兒獨自飛過，就會悲傷起來。因為太敏感，每一次出門和朋友的聚會，在期待之外，她也會感到害怕。期待見到好朋友，但她也清楚，只要和別人在一起，她就會忍不住考慮別人的想法，過度照顧別人。聚會之後，她總會感到自己特別疲憊，一個人要在家待上很長時間才能緩過來。小妤對我說：「只有待在家裡的臥室我才覺得安全，連客廳都覺得沒那麼踏實。」

這位個案是典型的多向思考者，敏感、同理心強、容易為他人著想。我們的身邊都有這樣的人，或者你就是多向思考者中的一個。

04／

總是容易想太多，還有救嗎？

想太多的人經常會感到疲憊，就像我接待過的其他個案會說：「我的大腦就像高速公路，我想讓路上的車跑得慢一些。」或者是「如果大腦有插銷就好了，我就可以拔掉插銷，讓自己休息一下。」

如果你凡事都想得太多，那學會適應、接受、與它共處是最好的方式。可以幫到你的方法有以下幾種：

方法一：嘗試分類大腦資訊

在不同的時段，為自己的大腦規定一個思考中心。比如，這段時間是努力準備考試，過段時間是投入健身減重，當然，還有一段時間要專注於休息和放鬆。

有了思考中心，在其他想法冒出來的時候，就要刻意喊停，你甚至可以對那些肆意冒出的想法命名。例如傑克或者小靜，當這些想法跑出來的時候，就對他們說：「傑克，現在你休息一下。」

方法二：用美好回憶替換

最讓想太多的人受折磨的是，曾經那些失敗、遺憾和沮喪會一遍又一遍地出現在腦海裡，像電影一樣不斷重播，他們只能重複感受那些負面的情緒。所以，你需要給自己準備一些美好的回憶，例如最讓你開心的一次旅行、與戀人最深情的一次擁吻、聽到孩子出生時第一聲啼哭的興奮等。在被負面情緒侵襲而感到不堪其擾的時候，用這些美好的記憶替換，可以迅速地改變當時的心境。

方法三：讓自己忙碌起來

這個方法簡單粗暴，卻非常有效。想太多的時候，就去工作、運動、看畫展，去做自己想做的事情。忙起來，自然不會有時間想那麼多，被折磨得疲憊不堪時，這也相當於一種休息。

最後，願所有想得太多的人，既能好好享受自己的特質，又能與自己好好相處。

37

Keep in mind

如果你凡事都想得太多，那麼學會適應、接受、與它共處是最好的方式。

活得最累的人，都是騎牆派

騎牆派背後都有一個貪心的靈魂，想要所有的好，坐在牆頭拚命做著權衡，卻始終找不到最優解方。

01／

某天和朋友小聚，已經將近半年未見的她，給了我一個巨大的驚喜——她懷孕了，肚子裡的寶寶已經三個月了。即將迎來新生命，當然是讓人欣喜的事情，我連忙恭喜。沒想到，朋友卻愁眉苦臉地說著寶寶將會對她的身體、精神和經濟上帶來的三重壓力。比如，有了寶寶之後，她再也不能隨意出來和朋友吃飯、看電影，來一場說走就走的旅行了。原本準備在職場上再拼一把，但現在只能任由這個寶寶占據自己所有的時間。原來不管開不開心，都能買個背包犒賞自己，現在就不能那麼隨意了……

如果她肚子裡的寶寶聽得懂這些抱怨，不知道還有沒有來到這個世界的勇氣。我聽著她的抱怨，看著她隆起的小腹，問她：「這個寶寶，是你和老公商量好的嗎？」

「當然是啊。」她答得很爽快。

「既然是商量好之後才做的決定，養育一個孩子所要耗費的心力和時間、需要改變的生活狀態，以及需要做好的財務保障，這些都想過嗎？」

「想過，但是心裡仍然有許多的不甘心。」

我喜歡朋友的坦率、真實、不遮掩，但在心裡也想到三個字——騎牆派。所謂騎牆派，就是總想占著生活裡好的部分，而不願承擔壞的部分，坐在牆頭，拼命做著權衡，卻始終找不到最優解方。

騎牆派最常見的結果有兩種，一種是做出了選擇，但有數不清的抱怨。就像我的朋友這般，總覺得生活怠慢了她，不能在擁有寶寶的同時肆意享受人生。

還有一種是騎在牆頭，左右觀望，始終做不出選擇。例如有些人想要創業，又捨不得體制內穩定的工作。想要結婚，又捨不得當下的自由。想要瘦下來，又捨不得眼前的美食吃不到嘴裡。所以，只好持續觀望、掙扎和糾結，但始終做不出選擇。

02／

這兩種結果，無論哪一種，都注定活得辛苦。辛苦在於他們花費大量的時間尋找一個完美答案，卻始終不明白，這個世界沒有什麼完美，無非是你要選擇承擔哪一種辛苦。

我曾經和一位個案就「是否需要自己下廚做飯」的問題展開討論。

她說：「不想一直吃外賣了，想要自己做飯。」

我說：「好。」

她說：「可是做飯好麻煩，要買好多東西，還要看食譜，一點一點開始學。」

我說：「你可以約廚師上門來做。」

她說：「可是，想想自己做飯還是有很多好處的，自己最清楚自己的口味和喜好。」

我說：「那就學起來。」

她說：「可是，做飯好麻煩，好辛苦。」

……

我們的討論，就這樣進入了迴圈，她一方面想要享受做飯的好處，一方面又不想承擔做飯所帶來的辛苦。所以，在這之後的每一天，她依舊點著外賣，吃著嘴裡算不上美味的食物，思考著究竟做不做飯。就這樣，日復一日地糾結著。

這樣的人看似按兵不動，雲淡風輕，其實內心正上演著一齣又一齣的大戲，比誰都辛苦。吃著嘴裡的外賣，想著自己要是會做飯就好了。埋怨自己怎麼這麼懶，連飯都懶得做。看著朋友在社群軟體上曬出的美食照，想著要是能像他們那樣就好了……

千萬種思緒湧上心頭，實在不比做飯本身來得輕鬆，這就是騎牆派的日常。但無論如何，做飯都算一件小事。若是只以填飽肚子為目標，一碗泡麵或一筆外賣訂單就可以解決，無非是口味好壞的差別。可對於騎牆派來說，有些事情的折磨可以稱得上曠日持久，比如工作的選擇。

朋友曾經跟我說過一個自己的故事。幾年前，有一個非常好的工作機會擺在她面前，公司老闆親自跟她談，連錄取通知都直接發給她了，薪水、工作發展都有不錯的前景。唯一的問題是公司離她住的地方比較遠，通勤要比現在上班的地方多花半個小時。

她很猶豫，想著多半小時路程，就代表每天上下班要多出一個小時的時間，也意味著每天要少睡一個小時，或者少了一個小時的讀書或者化妝時間，所以始終沒有下定決心。最後，她因為多出的半小時路程，糾結了一個多月，終於把對方公司的耐心消磨殆盡，決定錄用新的候選人。

朋友每次想起這件事都後悔不已，想不通自己當時為什麼對多出來的半個小時車程會那麼介意，丟掉了一個讓自己的職業生涯更上一層的機會。我開玩笑地對她說：「誰叫你當初的夢想是錢多、事少、離家近。」

03 /

寫到這裡，你可能看出來了，其實騎牆派背後都有一個貪心的靈魂，想要所有的好，又沒有做好準備承擔那些好處背後要付出的代價。就像那個懷孕的朋友，想要享受當母親的樂趣，又不想犧牲自己的自由時光。就像那個糾結是否要換工作的朋友，想要更好的薪水與平臺，卻連每天多出半小時的通勤時間都不願承擔。可是，你到哪裡去找只有好處的事情呢？

記得合作的編輯曾經問我，堅持寫作是否覺得辛苦。我當時說：「文思泉湧的時候是享受的，但也免不了有思維枯竭、不知道如何寫下去的時刻。這些時刻真的是苦不堪言，甚至懷疑自己。」好在我清楚地知道每一份工作都有它的辛苦，再熱愛的事情也有不喜歡的一面，我願意承擔這份辛苦，所以無所抱怨。有時候，幸福只不過是知曉、承擔、接受，進而享受。而不是站在牆頭，拼命權衡，始終無所行動。

往前推幾年，我也很貪心，對擁有本身充滿了執念，以為擁有的東西越多，自己越快樂，但是現在越來越覺得，那些真正快樂的人都是目標明確並敢於捨棄的人。他們知道人生從來就不會圓滿完美，擁有一樣，便要捨棄另一樣。

勇敢捨棄該捨棄的，留下要捨命追求的。如此，得其所得，便是快樂。而那些所謂的騎牆派，反而在猶豫抱怨中浪費了許多時間，兩手空空，更加不快樂。

38

Keep in mind

有時候，幸福只不過是知曉、承擔、接受，進而享受。而不是站在牆頭，拼命權衡，始終無所行動。

精緻化的情感陷阱

一個人最大的孤獨莫過於拒絕了別人的靠近，又拒絕了內心的真實。

01／

外表可以精緻化，但情感不要。

我有位個案叫阿堯，第一次見到他的時候，腦子裡只閃過兩個字——精緻。很久沒有見過打扮得如此得體的男孩，身材勻稱，搭配筆挺的西裝，顯得很有精神。

雖然諮商時間約在下班之後，但他的臉上絲毫看不出疲憊。坐下時，他很客氣地問我：「我應該坐哪裡？」說話的語速不快不慢，其間還會適時地問我：「我說得清楚嗎？」

我承認，阿堯身上的精緻和言行得體會在一瞬間吸引人的眼球，心理師也不例外。而對於阿堯來說，精緻的不僅是外表，還有生活。在他的口中，你聽到的是勤奮努力，永遠在部門拿業績第一的阿堯。結婚生子，為妻子和孩子付出所有的阿堯。父母恩愛有加，對他體貼入微。再說回過去，阿堯從小就很聰明，成績一直名列前茅，保送明星高中和一流大學，又帶著全額獎學金出國，一路走在人生巔峰。

聽著他的故事，感覺所謂的精緻人生就是阿堯現在的人生了。幾次的諮商，我跟著他的敘述走過了他迄今為止的生命線。這條生命線順遂、美好，讓我不禁在心裡感慨「上帝的寵兒」幾個字用在阿堯身上再合適不過的。只是他從未講過進行心理諮商的真實原因。問他的時候，他只會說：「覺得好奇，就來了。」

再往後的諮商，阿堯和之前一樣，很精神，很陽光，只是我的心裡生出一個疑問，為什麼他的人生裡只有開心、表揚、知足和感恩，連一絲的恐懼、不安和焦慮都不曾有過。這樣的人生，固然會讓人羨慕和渴望，但總是隱隱覺得不真實。我問他：「生活裡是否也有過恐懼、焦慮或無措的時候？」那一刻，他的眼睛裡有一絲淚光閃過，但很快被一句鏗鏘有力的回答所代替：「為什麼要有恐懼、焦慮、無措呢？那些都是弱者的表現。」

在他的答案裡，我終於明白阿堯所精緻的不是只有他的人生，還有他的情緒。在這份精緻化的情緒清單裡，只有快樂、開心，沒有痛苦、不甘、嫉妒和害怕。這是每個人都渴望擁有的一份情緒清單，但大多數人都沒有實現，唯獨在阿堯這裡成為現實。

不用我說，你也一定明白，那些被排除在情緒清單之外的所有壞情緒，不會因為刻意優待誰，便繞道而行，有的只是壓抑、否定和拒絕。壓抑憤怒、否定失望、拒絕不開心等等。這便是阿堯精緻的情緒清單背後的故事。

02／

或許你覺得阿堯的故事有些誇張，甚至有些難以理解，可是你想一下，自己的情緒是否也有精緻化的部分呢？在某一個想哭的瞬間，強壓著即將潰堤的眼淚，轉身對別人說：「我很好。」我們很多時候不敢表露負面情緒，不是想刻意地告訴誰自己很堅強，只是有些害怕，害怕自己的軟弱暴露出來之後，在某個時刻會變成別人手裡刺向自己的利劍。

某一天，你和朋友飲酒至深夜，一不小心打開了話匣子。你借著酒勁兒，也借著夜幕容易帶給人的寧靜，把封存在心底很久的故事一股腦兒地講了出來。說完之後，你覺得前所未有地痛快，就像人生可以重啟了一樣，你甚至對自己說，「以後有話別憋在心裡，像這樣說出來，多好。」但是第二天酒醒以後，你開始覺得不安，雖然坐在對面聽你講故事的人是你的好朋友，是可以信任的人，你甚至說不出不安的理由，但就是會感到不安。

情感本身是人最脆弱、最柔軟、最真實的東西，偽裝久了，碰見真實，總免不了覺得陌生，近乎本能地讓人想往後退。每個人都想擁有一副鎧甲，讓躲在裡面的自己可以感到安心，別人看到我們的時候，只會看到我們的好。自己在別人的眼睛裡過得好是很多人的追求，為了滿足這份追求，鎧甲漸漸和我們長在了一起，連自己都分不清了。

03／

精緻化的東西通常會有一個弊端——拒人於千里之外，而情緒精緻化的後果是雙重孤獨。

因為太精緻了，所以沒有人可以真正看到你的孤獨和無助，也不會有人可以真正地走近你。而且自己演繹精緻也很久了，離自己內心裡那個不安、焦慮的小孩也越來越遠。

一個人最大的孤獨莫過於拒絕了別人的靠近，又拒絕了內心的真實。相比這份孤獨，我更希望你不精緻，但足夠真實。真實也許不夠華麗，也不像你內心期待的那個完美的自己，至少可以讓你自己活得舒服一點，別人與你相處也會覺得自在，不會有那麼大的負擔。

我的另一位個案曾經非常疑惑地對我說，他有個好朋友某次與他聊天的時候說，在一段很長的時間裡，一直覺得他很虛偽。這位個案不明白對方為什麼會這麼說，他自問待人真誠，怎麼會給朋友這種感覺呢？

他在與朋友深入的溝通之後才明白，朋友所說的虛偽其實是不真實。他好像永遠都是積極、樂觀的，沒有任何抱怨和不滿，永遠知道在什麼場合說什麼話、做什麼事。他一度以此為傲，覺得自己做好了情緒管理，也做好了社交形象管理，沒想到這樣的自己變成朋友口中的虛偽。

其實，不怪朋友覺得他不真實，沒有人可以做到完美，從不出錯。當然，精緻可以塑造，但有瑕疵、偶爾出錯，這才是真實而鮮活的人。

只不過很多人需要花很久才能卸下自己的鎧甲和偽裝，讓真實的自己出現在別人的面前。

我們總是認為精緻才是好的，所以每次送禮物給朋友，都不忘加上好看的包裝，可無論包裝有多麼精緻，值得在意的永遠是禮物本身。

人的情感更是如此，包裝下的真實，才是值得追求的，也是我們喜歡看到的。

隔著包裝與人相見，只會越來越孤獨。

隔著包裝與己相見，只會越來越迷茫。

我們都需要勇敢一點，去相信某一個人和某一份情。

只有相信，只有真誠相見，才能抵禦孤獨。

39

Keep in mind

真實也許不夠華麗，也不像你內心期待的那個完美的自己，但至少可以讓你自己活得舒服一點，別人與你相處也會覺得自在，不會有那麼大的負擔。

人人都要逃離的舒適圈，究竟怎麼了

我們努力讓自己過上舒適的生活，好不容易達到之後，又有人不停地告訴你要跳出來。彷彿談到舒適圈就像看到火圈，一定要逃得遠遠的。

01／

記得有次和朋友約了下午茶，我們雖然在同一個城市，也彼此掛念，但見面的機會並不多。朋友已經三十五歲，也是兩個孩子的母親，但她的狀態保持得很好，更可貴的是，她並沒有耽誤自己的職業生涯，而且之前剛剛被提升為公司的人力資源總監。

在很多人不得不面對「三十五歲現象」的時候，朋友順利地升了職，是實力，也是幸運。不需要面對父母催促自己結婚或要孩子，也不用擔心公司會辭退自己，這樣的生活是很多人都羨慕的。沒想到朋友見到我時開口便說：「我上個月剛剛跟主管要求請調到銷售部門。」

我的一口咖啡差點噴出來，誰都知道銷售崗位必然要從頭開始，無論你之前在其他的崗位做得有多出色，轉去銷售部門就相當於放棄多年的累積，選擇一條新的賽道。我們當然要尊重每一種選擇，如果朋友是另有打算，想在這個年紀重新活一把，未嘗不可。

我問她為什麼，她給我的回復是：「想要跳出舒適圈，不是都這麼說嘛，躺在舒適圈意味著溫水煮青蛙，隨時會死。」聽到這裡，我放下了手中的咖啡，想要好好跟她聊一聊舒適圈究竟有什麼錯。

最近幾年，好像只要談到舒適圈，大家的感覺就像看到火圈，一定要逃得遠遠的。這種想法背後的邏輯很有意思，我們努力讓自己過上舒適的生活，好不容易達到之後，又有人不停地告訴你要跳出來，不能一直待在舒適圈裡。

我想問，舒適圈究竟怎麼了？

02／

所謂的舒適圈，大概都是像我的那位朋友，經過多年的不懈努力才獲得，其中還有天賦、運氣等外在的因素。盲目地跳出舒適圈，把自己置身於一個完全陌生的環境之中，先不說要承擔多少打擊和焦慮，即便你真的經歷這些，結果就一定會好嗎？

再跟大家說一個關於馬克·吐溫的故事。馬克·吐溫在文學上的成就是有目共睹的，但很多人可能不知道，這位大文豪曾經有兩次投資經商的經歷，不過最終都以失敗而告終。

馬克·吐溫第一個投資的項目是打字機。一個名叫佩吉的人找到他，聲稱自己正在從事打字機的研發，但是還差一筆研發經費。他向馬克·吐溫保證，產品投放到市場之後肯定可以大賺一筆。馬克·吐溫心動了，前前後後投了近二十萬美元，可是直到其他人把真正實用的打字機研發出來並投入生產，他投資的項目還停留在調整試驗階段。就這樣，他的第一筆投資失敗了。

馬克．吐溫的第二個投資項目是出版公司。他知道自己的作品很受出版商追捧，於是他自己開了一家出版公司，因為不懂財務，也不懂管理，馬克．吐溫的公司一直經營得不太順利，最終宣告破產，他本人也是債臺高築。

馬克．吐溫的妻子知道自己的丈夫既能寫又能演講，所以建議他到世界各地去做巡迴演講。經過幾年的努力，他終於還清了債務。馬克．吐溫做了自己不擅長的事，既然浪費自己的努力，也浪費了金錢。

對我們來說，那些舒適圈很可能是綜合考慮的結果，經過千百次的磨煉，才發現是自己能做到最好的領域。盲目地跳出舒適圈，挑戰一個自己可能完全不擅長的領域，這是說不上理性的。

舒適圈可能就是最適合你的圈。

03 /

我自己從記者轉到諮商心理師，如今成為以文字和諮商雙重職業為生的自由工作者，已經是第八年了。回看自己的轉行路，其實就是一條從不舒適圈到舒適圈的進階路。我一直有一個夢想，希望遇見不同的人、聽不同的故事、寫不同的文章，所以選擇從記者轉行成為心理師。從事心理諮商和寫文章，這極大地滿足了我的願望。

轉行之後這幾年，一直有人勸我找一份穩定的工作，擔心我這自由工作者的職業朝不保夕。對我來說，現在的狀態就是自己的舒適圈，我已經為此努力了數年，好不容易擁有了這個舒適圈，哪有輕易去換的道理？

我喜歡諮商，也喜歡寫作，所以，把公眾號的簽名改成「我愛諮商，也愛寫作，希望把這兩件事情做到九十歲」。因為喜歡，也因為寫作與諮商都是可以不斷探索、發現新意的工作，一直待在這個舒適圈裡，才能把這兩件事情不斷做到更好。

我想在這樣的舒適圈裡，一直待下去，也勸你，如果此刻待的圈子不舒服，看看是哪裡出了問題，有沒有可能調整到更好的狀態。如果此刻的圈子是舒適的，在原有的基礎上做到專和精，才會真正看到山頂的風景，而不是一直為了所謂的挑戰而不斷跳出舒適圈。尋求舒服是人的天性，真的沒必要過得太辛苦。

跳出不舒適圈，待在屬於自己的舒適圈。

40

Keep in mind

舒適圈很可能是你經過千百次的磨煉，才發現是自己能做到最好的領域。舒適圈或許就是最適合你的圈。

累死人的內心劇場

他說：「誰生氣了、誰的情緒不好，我都能察覺到，所以，我說話做事總是小心翼翼，害怕哪句話說重了，哪件事做得不妥當，傷到了誰。」

01／

你的疲憊，是因為內心戲太多。你有沒有過這樣的感覺：有時候，明明一天的工作都很輕鬆，最多的時間是無所事事地抱著手機刷社群軟體的好友動態，可是晚上身體碰到床的那一刻，依然覺得很累很累。

「老師，為什麼我明明什麼都沒做，一天下來卻依然覺得累？」這是珊珊來到諮商室向我提的第一個問題。

我和她一起回溯了她的一天，發現她幾乎什麼事情都沒做。她有一份穩定、清閒的工作，大多數的時間裡，她的工作給人一種只要出現在辦公室就好的感覺。珊珊就這樣靠著刷網頁、喝茶、線上和朋友聊天，過著屬於自己的一天。可是她並不覺得輕鬆。於是，我又和她回溯了她一天的心理活動，結果發現了另一個故事。

早上，和主管一起進電梯，說了一聲「經理好」，就傻傻地盯著電梯上的數字，不知做何反應。於是，從下電梯的那一刻，她就在想主管會不會覺得自己不夠熱情或者覺得自己有些木訥、不善交際。就這樣，珊珊一邊害怕主管對自己的看法，一邊對自己的行為感到懊惱，時間就這樣過了一個上午。

中午，同事小李約她一起吃飯，她想到自己正在減肥，就說：「我今天有帶午餐，就不和你一起吃了。」話是說出去了，可是珊珊吃著自製的沙拉，滿腦子想的是小李會不會覺得她不合群，人家上個月去泰國旅行，還特地帶了一條好看的圍巾送給她，這樣會不會讓人家感到沒面子……

好不容易熬到下班了，珊珊看一眼小孩的家長群組，一個家長指責她幫小孩報了一個質優價廉的夏令營，也不跟大家說一聲。珊珊覺得憋屈，想懟回去，又擔心別人說她素質低，想了想，便忍了下來。

這是珊珊的一天，看似什麼都沒做，內心卻已是萬馬奔騰，上演了一齣又一齣的內心戲。從這角度看的話，珊珊覺得自己很辛苦，便是必然的了。

02／

不知你是否也在珊珊的身上找到了自己的影子。主管問話，你回答得戰戰兢兢，生怕想了很久的回答有哪個字或是哪個詞說錯了。同事莫名取笑你，你覺得委屈又憤怒，想站起來反擊，又怕破壞了在別人心裡的形象。伴侶買了你很不喜歡的禮物，很想告訴對方不喜歡，但是顧慮到對方的一番心意……

總之，你把太多想說的話和想做的事放在心裡，因為找不到出口表達，慢慢演變成一齣又一齣的內心戲，而內心戲的本質是壓抑的情感。我們都知道，疏導比壓抑好得多，你壓下去的情緒會在內心累積，然後反過來傷害自己。人們為什麼會每天上演一齣又一齣的內心戲，你又是如何成為內心戲的主角呢？

第一，總想為別人的情緒負責。

想到曾有個案說：「我的身上好像插上了一根根的管子，這些管子用來感知別人的情緒。誰生氣了、誰的情緒不好，我都能察覺到，所以，我說話、做事總是小心翼翼的，害怕哪句話說重了，哪件事做得不妥當，傷到了誰。」

你或許不至於小心到去感知所有人的情緒，但大概也會有過這樣的擔心，害怕拒絕朋友而傷了朋友的感情，害怕表達對禮物的不喜歡而傷害伴侶。其實，這些都是在為別人的情緒負責。

第二，怕被拒絕。

你大概有過這樣的經歷，明明只是請對方幫忙拿一杯水，或者請路人幫忙拍一張照片，但總是開不了口，你自己心裡很清楚，這些都是很小的要求，但是為此開口對你來說就是很難的一件事，而說不出口的原因是害怕拒絕。

總有那麼一些要求就在嘴邊，總有那麼一些不滿埋在心裡，但還是害怕萬一說出口，對方拒絕自己怎麼辦？一齣被拒絕的內心戲又悄悄上演，演來演去，該說的話還是沒有說出口。

第三，害怕衝突。

習慣演內心戲的人，總會在心裡悄悄預想，如果真的表達了不同意見，萬一對方不高興，真的吵起來，我要怎麼辦？

這些人的內心有一個根深蒂固的觀念，只要表達不同意見，就會面臨不可收場的結局，這種觀念可能跟原生家庭有關。例如我遇過一位個案，他曾經因為想去同學家裡玩而拒絕了父親提出的全家出遊提議，然後父親憤怒地把桌子掀了，這傳遞了一個訊息給他，他覺得自己一旦表達不同意見或觀點，就會發生類似的事情。他的內心戲總是會變成恐怖片，很多話自然不敢說出口。

03／我們應該如何拯救愛演內心戲的自己呢？

對於這樣的人，我想送兩個字——信任。所謂信任，既包括信任自己，也包括信任別人。我們先說，信任自己，信任自己包括兩個層面：

首先，信任自己所做的事。心理學上有一個概念——投射。投射指的是一個人將內在生命中的價值觀與情感好惡影射到外在世界的人、事、物上的心理現象。如果要更好理解一點，簡而言之就是，別人怎麼看你，其實和你沒有什麼關係。比如一個人喜歡你，只是因為你做了符合他的審美和期許的事，他不喜歡你也是同樣的道理。所以，不必為了別人的期許勉強自己，把自己弄得很難受。無論你做什麼，無論做得好壞，都一定有人喜歡，有人不喜歡，既然如此，不如安心做自己就好。

其次，信任自己的感受。感受是不會騙人的，如果你感受到了不安、焦慮和恐懼，一定是發生了不好的事情，或者對方做了什麼讓你有這樣的感受。這個時候，千萬不要懷疑是不是自己的感覺錯了，大大方方地表達「我好像有點害怕」或者「我覺得你剛剛說的話，讓我覺得有些不舒服」，感受不會騙人，也不會傷人。客觀地表達自己的感受，沒有人會因為你的感受而指責你，這樣倒是給了彼此一個溝通的機會，一起尋找一種方式讓彼此都舒服，而不是刻意地委屈自己。

另一個層面是信任別人。所謂信任別人，是要相信別人同樣也有處理負面情緒的能力。有些時候，我們之所以會上演那麼多的內心戲，是生怕說了什麼、做了什麼，讓對方感到不舒服，以為別人都是「玻璃心」。你要相信，對方也有處理情緒的能力，如果他覺得不舒服，也會讓你知道，你不必一直背負著他沒有說出口的情緒前行，那樣會很累，很辛苦。

所以，告別演不完的內心戲無非是「信任」二字，信任自己，也信任別人。如此，你會覺得通透、愉悅許多。

41

Keep in mind

不必為了別人的期許勉強自己，把自己弄得很難受。無論你做什麼、做得好壞，都一定會有人喜歡，有人不喜歡，既然如此，不如安心做自己就好。

「懂事崩」是對自己最大的殘忍

長大後我們慢慢學會在不被看見的時刻表達崩潰，在被看見的時候拼命演繹成功和精彩。所以成年人有兩個避難所：上班時的洗手間和回家時的樓下車庫。

01／

焦慮面前，人人平等。

前陣子我和一個朋友聊天，無意間談起最近的壓力與焦慮，她說：「你有沒有注意到，辦公大樓裡的上班族占用洗手間的時間比別的地方長。如果你仔細聽，還會聽到哭聲。」

我不坐在辦公室上班已經很多年了，卻也記得那些被客戶氣得想哭和加班累到崩潰的時刻，洗手間在那個時候就成了最好的避難所。沖水聲可以掩蓋哭聲，鎖門之後不用面對同事似真似假的安慰，哭過之後還能默默補個妝，彷彿什麼都不曾發生過。有人說，成年人有兩個避難所——上班時的洗手間和回家時的樓下車庫。這兩個地點都是具有私密性的，不會被打擾，可以讓你拿出一點時間來處理自己的焦慮和崩潰。

這幾年，網路上有一個詞叫「懂事崩」，指的是成年人的情緒崩潰無法隨心所欲，不能當眾示弱，不能影響工作和生活，只能在確保第二天能夠休息的深夜裡獨自崩潰。很懂事，也很無奈。看到這個詞的時候，瞬間感到作為成年人的一絲絲酸楚。哪怕很多人並不知道「懂事崩」，但早已用這種成年人才會的崩潰方式來緩解情緒了。

你有多少次，明明在深夜裡想大哭一場，但是第二天還要上班，怕不知道如何和同事解釋自己腫脹的雙眼，只好作罷。又有多少次，明明加班加到懷疑人生，老闆還丟過來一個要改的方案，你很想罵人，但回覆的訊息是：「好的，老闆，沒問題。」可能還會配上一張笑臉表情。

我們真的就這麼學會了不動聲色地做一個大人，情緒穩定，永遠積極向上，工作的疲憊不敢跟同事吐槽，怕影響同事的幹勁，或者擔心被人說「你怎麼這麼消極」。家裡的壓力不敢跟妻子和孩子講，因為你覺得自己是他們的天，天塌了，他們要怎麼過。所以，有人說成年人的世界，比崩潰，誰不會，比的就是誰能真正戒掉情緒。

想起有一天，深夜看到一則朋友的貼文：「一直覺得自己很強大、很樂觀，連喝酒都從來喝不醉，不管多忙，不管多晚，也不管喝了多少，都能清醒地把自己帶回家。如今想來，是因為身後沒人，不敢崩潰，不敢倒下，只能強撐，把笑臉留給別人。」

不出所料，第二天一早，朋友這則貼文就消失了，她留下的內容全都是她正能量滿滿的樣子。我大概是少數幾個看到那則貼文的人，有些心疼，但也明白這就是成年人發洩情緒的方式。在不被看見的時刻表達崩潰，在被看見的時候拼命演繹成功和精彩。

02／戒掉情緒，真的好嗎？

我又想到另一位個案的故事。她曾經在一家公司做人力資源的工作，努力上進，勤勤懇懇，節日假日加班也是家常便飯。早在剛入職的時候，就有前輩提醒她，人力資源的工作是與人打交道，關係到公司裡的每一個人，職位比較敏感，要學會不把情緒寫在臉上。

多年的職場歷練，加上自己的忍耐力，她好像真的戒掉了情緒。主管交辦的工作，她盡力做好，哪怕要求無理，哪怕部門的同事都在抱怨，她也永遠是一副元氣滿滿的樣子，微笑地面對工作，也微笑地面對每一個人。可是表現得沒有情緒，並不代表真的沒有情緒。她心裡積壓著的最大怨氣在於她在公司已經五年，職位和薪資竟然沒有任何變化。去年剛入職的同事，竟然在很短的時間裡就升了職。她越來越鬱悶，表面上依然對所有人微笑相待，但她的工作效率越來越低，出錯越來越多，就連約見面試者都三番五次地弄錯時間。公司後來的業績不好，有了裁員的計畫，而她竟然出現在了裁員名單上。

在諮商的時候，連她自己都說：「如果能推心置腹地和主管聊一聊，哪怕是吵一架，都比把怨氣撒在工作上要強得多。如今這個結果，連辯駁的理由都沒有了。」

情緒很聰明，你以為自己壓得很巧妙，壓得不聲不響的，但它總是會以不易察覺的形式表現出來。

剛烈的情緒，會通過行動表現出來，拖延、消極怠工、甚至動手打架，都是情緒的表達。

陰柔的情緒，也會積鬱在心，以胸悶、失眠、甚至憂鬱的形式表現出來。

所以，情緒從來都沒辦法被真正戒掉。

03／

別那麼快學會「懂事崩」。

每當看到那些深夜痛哭或是在辦公大樓的洗手間裡啜泣的故事，我都會感到心疼。我很想告訴大家，情緒並沒有好壞之分。

悲傷的情緒告訴你，痛苦的內心需要撫慰。

憤怒的情緒告訴你，自己的心理界限受到了侵犯，要振作起來捍衛保護。

焦慮的情緒告訴你，自己已經不堪重負，需要減壓了。

你無法真的戒掉情緒，因為他們像一個個敏感的戰士保護著你的安危，讓你及時採取行動，保護自己。與其學會「懂事崩」或是戒掉情緒，不如學習如何與情緒相處。

第一，學會說不。

蔡康永說：「對於不喜歡的事情，我們可以說不。該哭的時候哭，該笑的時候笑，只有充分地體會喜悅和悲傷，才有資格說人生是值得活的。」你也可以做到，如果工作的負擔過重，如果家人給了你太多期望，如果只是單純地不喜歡某個人或某件事，說「不」可以讓你的生活中減少很多崩潰的瞬間。

第二，學會求助。

我們從社會中得到的資訊，都是為了讓我們越來越獨立，不給別人添麻煩，卻沒有人告訴你，越獨立，也有可能越孤單。如果你下次在深夜痛哭，記得發個訊息問問朋友：「有沒有還沒睡的人，願意聊一聊。」也許你會在那個時候多了一雙傾聽的耳朵，多了一個解決問題的視角。世界在你的眼裡就是自己的，但不應該是孤獨的。

擁抱的溫暖在於你先伸出那雙手，哪怕是求助的雙手。

第三，學會表達。

沒有什麼痛苦是不可以說的，比戒掉情緒更好的面對方式是處理情緒。人們總是喜歡強調正能量，當然不是錯，這樣可以讓自己更快樂，把更多快樂傳給他人，但這是一種理想的狀態。喜怒哀樂如同手機的出廠設置一般，是標配的四種情緒。

你的生活裡不會只有快樂，面對負面情緒，學會表達和紓解，是需要掌握的技能。比如，主管安排給你的工作忙不過來，在你喘不過氣的時候，去和主管表達，或者至少按照事情的輕重緩急排一下順序，你都可以因此而輕鬆很多。如果被人誤解或是被人指責，告訴對方事情的真實情況，把自己要說的話說清楚，而不是一味地承載負面情緒，內心就不會那麼壓抑。問題解決了，負面情緒少了，「懂事崩」

的情況自然也會減少。

成年人的世界，需要學習的不是「懂事崩」，而是善待自己。

42

Keep in mind

你無法真的戒掉情緒，因為他們就像敏感的戰士保護著你的安危，讓你及時採取行動，保護自己。與其學會「懂事崩」或是戒掉情緒，不如學習如何與情緒相處，以及善待自己。

從未想過，求助竟然變成「硬實力」

所有人都在忙，因此自己不該給別人添麻煩。每一個習慣獨自解決問題的人大概都會有這樣的體驗，覺得自己強大了，同時也更孤獨了。

01／

「老師，我得了憂鬱症，怎樣才能不被別人討厭？」這是一位讀者給我的留言，如果有一個「一句話讓別人心疼」的比賽，這句話肯定可以得獎。生病之後，她最關心的不是如何讓自己好起來，而是想著如何才能不讓別人覺得討厭。看到這句留言，我真的很難受。

我回復她：「現在的你，要做的不是擔心別人會不會討厭你，而是要告訴你親近的人，你需要幫助，需要陪伴。」

她說：「我害怕說多了讓別人討厭。朋友前兩天的生日會，我自己的狀態明明很差，很不想去，為了不想讓朋友難過，還是去了，但是又真的開心不起來。聚會結束的時候，一個朋友對我說，『你知道自己全程苦瓜臉，讓人看著不太舒服嗎？』」

後面的話不必問，她一定沒有辦法告訴朋友說自己生病了。對很多人來說，求助是比死命撐著更困難的事情。

02／我們為什麼不喜歡求助？

第一，因為害怕被拒絕。

每一次發出去的求助信號，很多時候就像是空中飄零的樹葉，若有人懂得珍惜，將落葉捧在手心，求助得到了回應，也可以讓求助的人感到溫暖，但大多數的時候，無人問津、黯然墜落是常態。

如果你有過求助的經歷，不管是借錢，還是寂寞的時候想要人陪伴，你就很會了解在訊息發出去、等待電話被接起的那幾秒或幾十秒是最難熬的時間。你的腦海會上演一場場被拒絕的戲碼，例如，他說自己的手頭也緊，他說自己現在特別忙，他說他在外地，有空約。這短短的煎熬，彷彿自己被審判了很多次。所以，為了不被拒絕，更多的時候，我們選擇一個人咬牙硬撐。

第二，害怕丟面子。

對於有些臉皮薄、時時刻刻期望自己處在「上位者」的人來說，求助是意味著把自己脆弱的一面表現給別人看，這是萬萬不可的。

我有個朋友，在防疫期間，因為公司的業務調整，她的部門整個被撤掉。她因此失業了半年，但她每天還是會像原來一樣準時出門和回家，沒對老公和孩子說過隻字片語。直到後來找到工作，才輕描淡寫地跟老公說了一句：「我換工作了。」

我問她為什麼要這樣強撐，她說：「在他眼裡，我一直都是優秀的，被裁員這麼丟人的事情，我不可能跟他開口。」

第三，害怕麻煩別人。

在以往的諮商中，我曾經多次鼓勵個案向父母、朋友尋求幫助，但個案的回答大多是：「我不想麻煩別人，大家都挺忙的。」是啊，父母要忙著賺錢，不能再給他們增加負擔。同學在準備考試，誰也不比誰閒，不方便找他們。朋友最近遇到了困難，更不好給人家添麻煩了……

所有人都在忙，你只有自己，只好在深夜一遍又一遍地咀嚼著自己的痛苦。這些懂事的背後，都有一定程度的「我不配」在作祟，因為覺得自己不配，所以自然而然地把自己當成別人的麻煩。求助，當然是不可能的。

03／

不求助，收穫獨立，也收穫孤獨。我們從小接受的教育是在讓我們學會獨立，不給別人添麻煩，求助在無形中變成軟弱的表現。每一個習慣獨自解決問題的人大概都會有這樣的體驗，覺得自己強大了，同時也更孤獨了。

現在這個時代，獨立並不是太難的一件事，只要銀行卡裡有錢、手機有電、網路訊號還在，幾乎可以解決日常生活所需的所有事情。餓了可以點外賣，日用品可以網購，搬家、維修物品也都有可以上門服務的公司。

當我們所處的這個時代越來越便利，不用浪費人情的資源越多，我們越是可以獨立地活著，但這種便利的「副作用」之一便是孤獨。比如，搬家找搬家公司，方便又省事，但就是不如和好朋友們一起忙進忙出，然後再一起吃頓火鍋，幫你慶祝喬遷來得熱鬧。

學會求助，不是為了離孤獨遠一點，重要的是我們每個人都會有自己的局限，可能是能力，也可能是閱歷，或是其他的方面。即便時代已經如此便利，還是會有力所不能及的事情和地方。與更多的人合作，意味著你可以做更多的事情，看到更大的世界，這是獨立所做不到的。

每個人都需要別人的幫忙，李嘉誠不例外，你我當然也不例外。適時的求助，不僅不丟人，而且是一種懂得借力的智慧。

04／

你可能覺得道理你都懂，但就是說不出口，也不知道應該如何求助，到底應該怎麼辦呢？

我記得看過一場TED演講，演講者是海蒂・格蘭特・海佛森（Heidi Grant Halvorson），她是暢銷書作家，也是哥倫比亞大學社會心理學博士。她在演講中提到了關於如何求助的四種方法：

方法一：大聲告訴別人，你需要幫助。

我們在某種程度上都有心理學家常說的「被洞悉的錯覺」，這是人們的一種錯覺，我們總覺得自己的思想、感覺和需要對他人來說很明顯，而事實是你不說出來，真的沒有人知道。即使拐彎抹角地提出來，別人也不見得可以明白你真正的需求。

還有一點，如果你不說出來，別人很有可能會覺得主動幫你是一種冒犯，哪怕有想幫你的心，也不敢隨意出手。比如你在坐飛機的時候，鄰座的女孩正在哭，你很想遞上一張紙巾，但想想自己並不認識對方，這樣的舉動也許讓人覺得很奇怪，於是作罷。好朋友要買房子，你覺得他可能還差一點錢，但對方沒有開口，你擔心主動開口可能會讓朋友的自尊心受挫……

所以，不光求助的人百般扭捏，施以援手的人也會出於種種原因而產生複雜的心理活動。把自己的話說清楚，把自己的需要表達明白，是解決問題最簡單的方式。

方法二：求助時，一定要準確闡述能讓別人理解的說明和原因。

沒有人想幫倒忙，如果你的求助是不夠明確的，對方就無法完全理解你想要得到什麼樣的幫助，他們不知道是否可以幫到你。

作為一個諮商心理師，我經常會收到很多求助的留言，例如，我的人際關係不好怎麼辦？我的性格內向怎麼辦？我活得就是不快樂怎麼辦？這些問題並不難理解，但太過寬泛，我想要回答也不知道從哪裡說起。即使是同樣的問題，對於不同的個體來說，形成的原因和解決方法也可能千差萬別。把求助的問題說清楚，對於自己獲得幫助，這是一種以更有效率和更有可能獲得回饋的方式。

還有，對於這樣的對話，你一定不陌生，

「你在忙嗎？」

「有點忙，怎麼了？」

「沒事，那你先忙吧。」

明明是想要對方的陪伴，但聽到對方說正在忙，就收回了自己要說的話。這種很常見的「猶抱琵琶半遮面」的求助方式，真的讓人很難明白你是需要對方的說明。

方法三：請不要用類似免責聲明或道歉的方式去求助。

「我非常抱歉地要請求你一件事情」、「我真的非常不想麻煩你」、「如果沒有你能做成這件事情的話，我一定會的」等，這種方式的表述聽上去很客氣，但是會讓想要給予幫助的人感到不舒服。如果你們的關係很好，那幫助是關係中非常自然的一個部分，如果在這個基礎上加上過多的客氣話，會把彼此的距離拉得很遠，對方反而會因此不願意幫助你。

方法四：收到幫助後，及時給予回饋。

幫助別人是一件快樂的事情，尤其是當你知道自己的幫助對別人可以產生積極影響的時候。賓州大學曾經做過一項實驗，對象是一所大學裡的員工，他們的工作是向校友打電話，為在校生籌集獎學金。

在這個過程中，工作人員被分成兩組，其中一組，實驗人員安排一名獎學金得主，也就是募款的受益者來探訪工作人員，探訪時間只有五分鐘。探訪結束後，主管就跟這些工作人員說：「你看，這些孩子就是在我們的幫助下，才能繼續讀書的。」而另一組，就讓他們正常工作，沒有安排探訪。

這個實驗的統計資料顯示，被探訪的那組工作人員，他們打電話的時間比探訪前增加了一四二%，籌集到的資金比探訪前增加了一七一%，而沒有接受探訪的那一組，工作結果和之前幾乎沒有什麼變化。

我們都是喜歡被誇獎的，當我們的幫助給別人帶來了正向的回饋，我們就會更願意主動幫助別人。如果你受到別人的幫助，記得要給對方及時的回饋，當對方知道他的幫助產生了積極的影響，他以後也會更願意幫助你。

最後，我想說的是，人類在發展的過程中最終選擇了群居的生活方式，依靠群居來彌補自身的不足，依靠群體生活獲得安全感和穩定感。所以，求助是很正常的，我們沒有必要為了獨立而喪失求助的能力。

學會求助，學會互助，我們才可以走得更好。

43

Keep in mind

我們每個人都會有自己的局限，與更多的人合作，意味著你可以做更多的事情，看到更大的世界。適時的求助，不僅不丟人，而是一種懂得借力的智慧。

停止內耗

為什麼光是待著就很累？停止讓情緒內耗偷走你的人生
【內耗型人格自救小本本】

作　　者　若杉
主　　編　林玟萱

總 編 輯　李映慧
執 行 長　陳旭華（steve@bookrep.com.tw）

出　　版　大牌出版／遠足文化事業股份有限公司
發　　行　遠足文化事業股份有限公司（讀書共和國出版集團）
地　　址　23141 新北市新店區民權路 108-2 號 9 樓
電　　話　+886- 2- 2218 1417
郵撥帳號　19504465 遠足文化事業股份有限公司

封面設計　朱疋
排　　版　新鑫電腦排版工作室
印　　製　成陽印刷股份有限公司
法律顧問　華洋法律事務所　蘇文生律師

定　　價　380 元
一　　版　2022 年 10 月
二　　版　2024 年 08 月

電子書 E-ISBN
9786267491539（EPUB）
9786267491546（PDF）

國家圖書館出版品預行編目資料

停止內耗：為什麼光是待著就很累？停止讓情緒內耗偷走你的人生【內耗型人格自救小本本】/ 若杉 作 . -- 二版 . -- 新北市 : 大牌出版 , 遠足文化發行 , 2024.08
332 面 ; 14.8×21 公分

ISBN 978-626-7491-55-3 (平裝)

1. 自我實現　2. 情緒管理

177.2　　113010716